Jutta Riedel-Henck

Weinendes Baby – ratlose Eltern

Jutta Riedel-Henck

Weinendes Baby – ratlose Eltern

Wie Sie sich
und Ihrem »Schrei-Baby«
helfen können

Kösel

ISBN 3-466-34400-X

© 1998 by Kösel-Verlag GmbH & Co., München.
Printed in Germany. Alle Rechte vorbehalten.
Druck und Bindung: Ebner, Ulm.
Umschlaggestaltung: Elisabeth Petersen, München.
Umschlagmotiv: Tony Stone Bilderwelten, München (Joe Polollio).

1 2 3 4 5 · 02 01 00 99 98

Gedruckt auf umweltfreundlich hergestelltem Werkdruckpapier
(säurefrei und chlorfrei gebleicht)

Inhalt

Vorwort

Als ich mich zu diesem Buchprojekt entschloss, war meine Tochter gerade acht Monate alt. Sie schlief auf meinem Bauch, während ich im Bett mein erstes Rundschreiben an schreigeplagte Eltern verfasste, das wenig später von der Zeitschrift *Ja zum Kind* veröffentlicht wurde. Von nun an nutzte ich jede freie Minute, um die Briefe verzweifelter Eltern zu beantworten, die mitten ins Herz trafen und mir halfen, eigene Erfahrungen im Umgang mit meiner schreienden Tochter zu verarbeiten.

Im Laufe des Jahres folgten weitere Veröffentlichungen in den Zeitschriften *Eltern, Junge Familie* und *Leben und Erziehen.* Die Resonanz war umwerfend und bestärkte mich in der Verwirklichung meines Vorhabens, eine lang unterdrückte und verschwiegene Problematik von irreführenden Vorurteilen und Missverständnissen zu befreien.

Dass ich schließlich den Kösel-Verlag für die Herausgabe meines Werkes gewinnen konnte, erschien mir wie ein Wink des Himmels, der mir bei all der irdischen Ungewissheit stets zur Seite stand und mich in meiner Geduld und Beharrlichkeit stärkte.

Große Worte des Dankes mit einer langen Kette von Namensnennungen möchte ich an dieser Stelle nicht verlieren. Das Buch möge aus sich heraus sprechen und ganz besonders als Sprachrohr für all die schreienden Babys dienen, die nun mal nicht anders können, als zu schreien, wenn sie etwas zu sagen haben, das uns alle betrifft, uns alle betreffen sollte.

Jutta Riedel-Henck

Einleitung

Woher wissen Sie, dass es Koliken sind?«» Diese Frage stellte uns ein Kinderarzt, als wir mit leerem Magen und völlig übermüdet die Ambulanz einer nahe gelegenen Kinderklinik aufsuchten.»Nun, Jana schreit sehr viel, sie zieht die Beine an, hat einen harten Bauch voller Luft und verkrampft sich.« Die anfängliche Skepsis des Klinikarztes wich schnell, als er merkte, dass wir keine Wunder von ihm erwarteten und ganz einfach verzweifelt waren. Wir glaubten, unser wenige Wochen altes Baby schreie so untröstlich, weil es unter schlimmen Schmerzen litt. Schließlich hatten wir einiges gelesen und waren auf die Diagnose»Dreimonatskoliken« gestoßen, ohne zu wissen, was das eigentlich genau bedeutet.

Ich hatte Broschüren und Zeitschriften für junge Eltern sowie mehrere Bücher über Säuglingspflege durchgeblättert und gelesen, dass Koliken als die häufigste Ursache für ständiges Weinen während der ersten drei Lebensmonate gelten. Die Beschreibungen glichen unseren Beobachtungen und Erfahrungen, und kein anderer Arzt hatte uns bis dahin widersprochen, wenn wir ihm berichteten, unser Baby habe Koliken, während er den aufgeblähten Bauch abtastete. Später wurden wir von einem weiteren Mediziner darauf hingewiesen, dass»Koliken« kein Krankheitsbild seien. Im Grunde war es uns egal, wie wir das Phänomen nun nennen durften oder gerade nicht, wir wollten nur eines: Hilfe für unsere Tochter, die immer und immer wieder stundenlang schrie, obwohl sie trinken konnte, wann und so viel sie wollte, ihre Windeln gewechselt bekam, so häufig es nötig war, nicht frieren oder schwitzen musste, ihre Ruhe hatte, wenn sie müde wirkte, unsere Nähe und ungeteilte Aufmerksamkeit und was sonst noch alles zu viel oder zu wenig oder falsch sein kann.

Wir waren voller Fragen und offen für Antworten – wir waren bereit, Fehler einzugestehen, Zweifel zu formulieren, alle nur möglichen Erwartungen und Vorurteile über unser frisches Eltern-dasein von Bord zu werfen und Neues zu probieren – und irgend-wann war ich so weit, Gott oder dem Teufel mein Leben als Opfer anzubieten, um endlich Ruhe zu haben: Ruhe, Ruhe, Ruhe!

Trotz der verbreiteten Hilflosigkeit wurden wir mit Ratschlägen und (Vor-)Urteilen »beschenkt«, fast jeder äußerte seine spezielle Meinung oder ließ sie über scheinbar nebensächliche Bemerkun-gen in unsere »offenen Adern« sickern. Es dauerte nicht lange und wir begegneten solchen Herausforderungen mit unserem Rückzug, setzten Grenzen und kämpften uns alleine durch endlos empfunde-ne Stunden, Tage, Wochen, Monate voller Zerreißproben nahe des körperlichen und psychischen Abgrunds ... Wir haben diese Zeit überlebt und viel dabei gewonnen.

Verloren oder gar mit Wucht weggeworfen haben wir eine Un-menge von Vorstellungen, die mit der Wirklichkeit nicht im Ein-klang stehen, Illusionen, die uns nur für kurze Zeit das Leben versüßten, dann aber ihre bitteren und ungenießbaren, giftigen Seiten spüren ließen.

Heute weiß ich noch immer nicht, warum meine Tochter wäh-rend ihrer ersten Lebensmonate so untröstlich lange und häufig weinen musste. Dennoch glaube ich, der Lösung näher gekommen zu sein, indem ich vermeintliche und angebliche Ursachen aus-schließen konnte. Tief greifende, schmerzhafte Gewissensbisse und Selbstbeschuldigungen wären mir vielleicht erspart geblieben, stünde ich mit meinem jetzigen Erfahrungsschatz noch einmal vor der Aufgabe, ein unaufhörlich schreiendes Baby als Teil meines Lebens anzunehmen und zu lernen, damit in Freundschaft umzugehen.

Schreiende Kinder sind schwer zu überhören. Sie schreien um Hilfe. Obwohl Mitgefühl und Nächstenliebe in der Moral vieler Menschen einen erhöhten Stellenwert zugedacht bekommen, sind aggressive Reaktionen auf die Hilferufe leidender Kinder keine Seltenheit.

Als ich noch in der Stadt im Dachgeschoss eines Mehrfamilienhauses wohnte, wurde ich Zeugin eines unaufhörlich schreienden Babys, dessen Klagerufe aus der unteren Wohnung bis in meine Ohren drangen. Ich wunderte mich, warum die Eltern nichts unternahmen, um die Bedürfnisse ihres wenige Wochen alten Babys zu erfüllen. Am liebsten wäre ich hinuntergegangen, um das Kleine zu trösten. Stattdessen ärgerte ich mich, empört über die Ignoranz der jungen Eltern ihrem Baby gegenüber. Ich glaubte fest daran, dass jedes Schreien vermeidbar sei, wenn sich Mutter und Vater entsprechend um ihr Kind kümmerten. Ich hatte ja keine Ahnung, was da wirklich vor sich ging, und sollte einige Jahre später eines Besseren belehrt werden:

Jana schläft nicht ein. Nur im Arm schlummert sie etwas, wird aber immer wieder wach. Sie will weder Schnuller, Tee, Brust noch herumgetragen werden. Sie zappelt mit Armen und Beinen, schreit, und ich fühle mich wie die größte Versagerin der Welt. Ich gerate immer leichter aus der Fassung, die Tränen rinnen nur so aus mir heraus. Jana ist wie Herbert und ich völlig überreizt und kaum zu beruhigen. Mit ihrer Schlaflosigkeit steigt unsere Kaputtheit, aber es wird von uns verlangt, ruhig zu bleiben, um sie zu trösten. Wie soll das gehen? Wie soll ich das Geschrei nicht persönlich nehmen? Als ewigen Vorwurf, nicht helfen zu können und unfähig zu sein? Es geht nicht, bei aller Intelligenz und Bewusstheit.

In der letzten Nacht träumte ich von Ratten in unserer Küche. Im Schlafzimmer war ein riesiges Loch, und man konnte in den unteren Raum

sehen. Unser Haus war zu einer baufälligen Ruine geworden, unser Heim
– unsere Seele.

Dies schrieb ich fünf Jahre später in mein Tagebuch, als Jana
gerade zwei Monate alt war. Ich wohnte nun in einem frei stehenden Einfamilienhaus. Dennoch war das Schreien unseres Babys
nicht zu überhören; es drang bis zu den Nachbarn, deren Haus an
den großen Garten unseres Grundstückes grenzt. Obwohl unsere
Nachbarn verständnisvolle Menschen sind, schämte ich mich. Am
meisten aber schämte ich mich vor meiner Tochter, weil ich sie
anbrüllte, und noch mehr vor mir selbst, da ich nicht in der Lage
war, meine Aggressionen zu unterdrücken. Ich fühlte mich schuldig, ein Kind geboren zu haben, das so leiden musste. Und so war
es ein großer Trost, als ich von den Auswirkungen der »Dreimonatskoliken« las und darin ein Bild fand, das ich hassen konnte, um
von meinen eigenen Schuldgefühlen abzulenken, die mich aufzu-
fressen drohten:

Krebsrot im Gesicht, die kleinen Händchen geballt, die Knie an den Leib
gezogen oder die Beinchen steif ausgestreckt, schreit es so erbärmlich,
dass kein Zweifel bleibt: Das Kind hat arges Bauchweh. Die Schreianfälle
kommen alle paar Minuten, mit Schluchzpausen dazwischen, oder halten
ohne Unterbrechung an. Manchmal eine Viertelstunde, manchmal aber
auch mehrere Stunden hintereinander. Anschließend sinkt das Baby erschöpft in den Schlaf. [...] Mehr als drei Viertel der Kinder haben den
jammervollen Zustand um den dritten Lebensmonat herum ausgestanden.
Daher der Name »Dreimonatskolik«. (Schweinitz, 20)

Ich zählte die Tage, rechnete das Datum aus, an dem wir endlich
von diesen Qualen befreit sein würden. Geduld müssten wir vor
allem haben, Durchhaltevermögen und Hoffnung, dass dieser Zustand keine Ewigkeit dauern und bald ausgestanden sein würde.
»Abwarten und Tee trinken« – diese Haltung aber war mir fremd
und mit einem schreienden Baby schon gar nicht zu realisieren.

Hinzu kam die Verunsicherung durch einander widersprechende Meinungen von Medizinern, die sich auf der Suche nach den Ursachen für »Koliken« nicht einigen konnten oder deren Existenz gar abstritten.

Bei der Kinderärztin hatte ich das Gefühl, dass sie mich für reichlich überdreht hielt, da ich fast jede Woche bei ihr war. Einmal begann Flemming während der Untersuchung zu schreien. Die Ärztin versuchte, ihn zu beruhigen, schleppte ihn durch das ganze Behandlungszimmer, schaukelte ihn auf dem Arm und fragte schließlich entnervt, ob er oft so schrie. »O ja«, antwortete ich, »von morgens bis abends in regelmäßigen Abständen.« Ich tat ihr »furchtbar leid«, und ich glaube, sie hat es ehrlich gemeint, denn von da an sagte sie nie wieder etwas Negatives. *C.K.*

Die zweite Kinderärztin, die wir aufsuchten, sagte nur, dass unser Sohn Blähungen hätte. Einen Tipp gegen die Schreierei konnte sie uns nicht geben. Wir sollten ihn einfach schreien lassen. Dass er davon heiser würde, wäre nicht so schlimm, auch nicht, wenn er an manchen Tagen keinen Ton mehr herausbekäme. *T.M.*

Bei ihrer Suche nach kompetenter Hilfe sind Eltern von schreienden Babys heute vor allem auf Glück angewiesen. Wer hat schon die Wahl zwischen mehreren praktizierenden Kinderärzten in seiner Nähe? Dass es bei aller Unsicherheit, trotz voller Wartezimmer und Zeitmangel möglich ist, sich dem Problem des schreienden Säuglings ernsthaft und einfühlsam zu widmen, beschreibt das folgende Zitat, dessen Autor ein praktizierender Kinderarzt ist:

Wenn die Hauptklage, derentwegen ein Säugling in der Kinderpraxis vorgestellt wird, sein »Nicht-Ruhe-geben-Können«, sein ständiges Schreien ist, dann liegt nach gründlicher Untersuchung und Ausschluss einer organischen Primärerkrankung für mich die Diagnose »unruhiger Säugling« vor. Das sind etwa 15 - 20% der Säuglinge in meiner Praxis. Meist werden sie in der 2. oder 3. Lebenswoche [...] vorgestellt. [...]

Es lohnt sich ohne Frage für den praktisch tätigen Kinderarzt, gerade unter zeitökonomischem Blickwinkel, wenn er Zeit und Aufmerksamkeit für den unruhigen Säugling investiert, am Beginn eines neuen Patienten-Arzt-Verhältnisses, das im selben Maß sich konsolidiert [festigt] und belastungsfähig wird, wie es gelingt, der Mutter das verlorene Selbstvertrauen und die Sicherheit im Umgang mit ihrem Kind zurückzugeben; die wichtigste Voraussetzung, dass sich Liebe nicht auf Zuwendung beschränkt! (Rohr, 270-279)

Das Zitat stammt aus einem Beitrag, der neben anderen für ein Symposium zum Thema »Unruhiger Säugling« verfasst wurde (Pachler/Straßburg). Mit der Bezeichnung »unruhig« kann »zum einen die akustische Unruhe, das Schreien – zum anderen aber auch die Bewegungsunruhe des Säuglings und schließlich die Entstehung von Unruhe innerhalb der Familie gemeint sein« (Straßburg, 4).

In der pädiatrischen Literatur (Pädiatrie: Kinderheilkunde) wird heute im Allgemeinen nicht mehr von »Koliken« gesprochen, wenn ein ansonsten gesunder Säugling häufig und ausdauernd schreit. Ärzten fiel z.B. auf, »dass alle Babys, die länger als einige Minuten weinten, dies in derselben Weise taten, ganz gleich, was der Anlass war. Alle weinenden Babys ziehen die Beine an, spannen den Bauch an, werden rot, lassen häufig Blähungen abgehen. Auf diese Weise weinen Babys, die einen ersichtlichen Grund dafür haben, und genauso verhalten sich Babys, die weinen, ohne dass man den Anlass kennt« (Taubman, 19).

Bruce Taubman, ein amerikanischer Kinderarzt, spricht von einem »Bauchwehsyndrom«, wenn Eltern und Ärzte das Schreien eines Babys als Ausdruck starker Bauchschmerzen interpretieren, obwohl eigentlich andere, zunächst unbekannte, aber meist aufspürbare Ursachen dazu führen, dass ein Säugling sich nicht beruhigen lässt. Er nimmt an, dass Babys sehr unterschiedlich reagieren, wenn ihre Grundbedürfnisse wie Hunger, Aufmerksamkeit, Nähe und Geborgenheit nicht rechtzeitig befriedigt werden. So sei es abhängig vom Temperament eines Kindes, ob es sich ins Schreien hineinsteigere, wenn seine Mitteilung nicht dem Verlangen gemäß beantwortet wird. Erfolgt die Reaktion schließlich doch, könnte sich das Baby bereits zu sehr in sein Schreien verrannt haben. Bei anfänglichem Hunger würde es dann z.b. die Flasche oder Brust ablehnen, weil es zu lange warten musste und in seinen dadurch gewachsenen Unmut vertieft ist. Solch ein Missverständnis kann unter Umständen einen ganzen Berg von Missverständnissen nach sich ziehen, bis die Eltern völlig verwirrt sind und glauben, ihr Kind müsse ernsthaft krank sein.

Bruce Taubmans Buch ist meiner Meinung nach ein wichtiger und wertvoller Beitrag zum Problem des übermäßig schreienden Säuglings. Dennoch habe ich darin nicht wiedergefunden, was ich mit meiner Tochter erlebte. Es wäre vielleicht zu schön, ließen sich alle Probleme so einfach lösen, wie es von einer Mutter im Folgenden geschildert wird:

Unser Sohn hatte jeden Abend seine Schreistunde. Täglich zwischen 18 und 20 Uhr wiederholte sich das Drama, bis ich das Buch *Wenn mein Baby zuviel weint* von Bruce Taubman las. Wir hatten unseren Sohn missverstanden. Er wollte sich in den Schlaf weinen, aber wir rissen ihn ständig wieder heraus und trugen ihn, bis er vor Erschöpfung auf unserem Arm einschlief. Nach der Lektüre des Buches setzten wir uns eine Frist von 10 Minuten, die unser Sohn weinen durfte, und siehe da, meistens war er nach drei bis fünf Minuten selig eingeschlafen. Wir konnten es fast nicht glauben, dass die Lösung unseres Problems so einfach war. *G.K.*

Bereits Anfang der 50er-Jahre widmete sich der englische Kinderarzt Ronald Stanley Illingworth dem Problem der »Dreimonatskoliken«. Dass sein 1954 erschienener Artikel mit dem Titel »Three month' colic« in späteren Jahren immer wieder gerne zitiert und als Grundlage zahlreicher Veröffentlichungen herangezogen wurde, spricht für den großen Bedarf solcher Arbeiten bei geringem Angebot. Auch gegenwärtig stützen sich Autoren von Elternzeit-schriften und -büchern noch auf die Erkenntnisse des britischen Kinderarztes, die nicht mehr dem heutigen Wissensstand gerecht werden und teilweise überholt erscheinen. Besonders erschreckend aber ist die Überlieferung verbreiteter Vorurteile, die Illingworth bereits vor 40 Jahren in Frage stellte, welche sich noch immer in aktuellen Meinungen und Veröffentlichungen zum Thema »Koliken« und ihren angeblichen Ursachen behaupten.

Illingworth untersuchte Fachliteratur im Hinblick auf Erwähnung und Beschreibung von Koliken. Darunter vermuteten einige Verfasser die Ursachen in Unter- wie Überfütterung, zu häufiger Fütterung bzw. allen Fehlern zugleich. Auch die Zusammensetzung der Nahrung wurde für Koliken verantwortlich gemacht oder gar eine Empfindlichkeit gegenüber Federn und Rosshaaren. Besonders häufig wurde den Eltern unterstellt, sie verursachten die Koliken, indem sie ihr Baby zu oft auf den Arm nehmen, es zu sehr verwöhnen und ihre Nervosität und Sorge auf das Kind übertragen würden. Mehrere Autoren führten Koliken auf eine Unreife des Darmsystems und eine Störung innerhalb des unwillkürlichen Nervensystems zurück.

Illingworth selbst kam auf Grund einer kontrollierten Untersuchung jedoch zu dem Schluss, dass Koliken weder auf Unter- noch Überfütterung, geschluckte Luft, schlechte Versorgung, Verwöhnung oder Allergien zurückzuführen seien. Die nahe liegendste Erklärung schien ihm »die örtliche Behinderung des Gasdurchgangs im Darm, die hervorgerufen wird durch örtliche Spasmen [Krämpfe] oder örtliches Kneifen ungewisser Herkunft« (Illingworth, »Three month' colic«, 165-174).

Heute sehen Mediziner und Wissenschaftler, die sich ernsthaft mit dem Problem des übermäßig schreienden Säuglings befassen, das eigentliche Problem weniger im Verdauungssystem begründet.

Beobachtungen und Erfahrungen haben gezeigt, dass unruhige Babys mehr als andere auf ein regulierendes Verhalten ihrer Betreuungspersonen angewiesen sind. Um z.B. einen geregelten Schlaf-Wach-Rhythmus zu entwickeln, brauchen sie einen klar strukturierten Tagesablauf, die Sinne stimulierende rhythmische Bewegungen wie Schaukeln und Tragen und vor allem Eltern, die auf die zeitweise schwer entschlüsselbaren Bedürfnisse ihres Babys angemessen reagieren.

Was sich leicht liest, ist im Alltag nur unter großen seelischen und körperlichen Zerreißproben realisierbar. Die mangelnde oder unangebrachte »Unterstützung« von Außenstehenden oder schlecht informierten Kinderärzten trägt häufig dazu bei, dass Mütter ihre wertvollen Instinkte missachten und Ratschlägen folgen, die ihren Babys mehr schaden als nützen.

Auch für einen Mediziner muss es frustrierend sein, wenn es in seiner knapp bemessenen Sprechstundenzeit nicht gelingt, das Schreien eines Babys zu begreifen und ein rasch wirksames Mittel dagegen einzusetzen. Aber statt sich und den Eltern seine Hilflosigkeit einzugestehen, werden Schuldzuweisungen ausgesprochen, entblähende Tropfen und im schlimmsten Fall sogar Beruhigungsmittel verschrieben. Mit ihrem »gesunden« Bündel Elend und einem Rezept in der Hand verlassen viele Eltern die Kinderarztpraxis, um in der nächsten einer neuen Variation derartiger »Behandlungsmethoden« zu begegnen. Am Ende einer Reihe erfolglosen Suchens stehen meist die Selbstzweifel mit der Frage, ob es nicht doch ausschließlich die Eltern sind, die das Schreien ihres Kindes verursachen.

Dass seelische Probleme körperliche Auswirkungen haben können, will ich nicht bestreiten. Dennoch habe ich manchmal den Eindruck, als würden allzu unbedacht seelische Ursachen und körperliche Krankheiten in einen Topf geworfen, um sie beliebig miteinander zu kombinieren. Kommt ein Kind körperlich behindert zur Welt, weil es einen genetischen Schaden hat, wird kaum jemand es wagen, von Psychosomatik zu sprechen. Gibt es jedoch keine greifbare Ursache, wird leichtfertig und schnell die ungreifbare Seele verurteilt, die ja an allem beteiligt ist und sich niemals unabhängig von einem Körper äußern kann.

Beim Lesen von mehr als 160 Briefen, die von Müttern übermäßig schreiender Babys frei und ohne vorgegebenem Schema verfasst wurden, fand ich immer wieder mehr oder weniger ausgeprägte Selbstvorwürfe und die Frage, ob dieses oder jenes Ereignis oder Verhalten während Schwangerschaft und/oder Geburt für die »Koliken« verantwortlich zu machen seien. War es die Kaiserschnittgeburt, der Todesfall in Familie oder Freundeskreis, der Stress durch Überforderung im Beruf, die Trennung vom Partner und Vater des Babys, die das Kind so belastet haben, dass es darauf mit Bauchkrämpfen und untröstlichen Schreianfällen reagieren musste? Was wäre dann mit all den anderen Babys, die friedlich schlummern und wenig weinen? Erlebten ihre Mütter alle eine »Bilderbuchschwangerschaft«? Eine leichte Geburt? Lässt sich alles so einfach erklären? Oder ist es reines Glück: Die einen bekommen ein »pflegeleichtes«, die anderen ein »schwieriges« Kind?

Verfangen in ihrer subjektiven Empfindungs- und Erfahrungswelt gelangen viele Mütter zu übereilten Schlussfolgerungen. Werden sie in ihren Vermutungen dann auch von außen bestärkt, ist es nahe liegend, dass sie nicht weiter nachforschen. Auf diese Weise hat zumindest das ewige Grübeln ein Ende.

Wir werden kein Universalmittel finden, weil es keine Universalbabys gibt, die sich wie Wäschestücke in die Kategorie »pflegeleicht« einordnen lassen. Babys sind wie die Erwachsenen einzigartige Persönlichkeiten und zu Beginn ihres Lebens am meisten darauf angewiesen, als solche wahrgenommen, erhört und behandelt zu werden.

Ich glaube daran und habe es selbst erlebt, dass die wirklichen und wahren Schätze in uns verborgen liegen und die Natur den Menschen mit allen notwendigen Fähigkeiten ausgestattet hat, um gute Eltern zu werden und zu sein. Wir müssen nur nach diesen Schätzen graben und unserem Gefühl vertrauen, wenn die Meinungen anderer uns nicht weiterhelfen, weil sie auf unsere Situation nicht übertragbar sind. Letztendlich weiß jeder einzelne, was am besten für ihn ist, wenn er es nur wagt, sich von seiner Intuition leiten zu lassen. Ein grundlos schreiendes Baby gibt es ebenso wenig wie eine grundlos klagende Mutter!

Manchmal ist der Weg kurz und direkt, manchmal kurvenreich und voller Hürden. Möglicherweise können wir uns viele Umwege und Verirrungen sparen, indem wir persönliche Erfahrungen schildern und einander daran teilhaben lassen, so dass jeder die Freiheit behält, für sich zu probieren, was ihm am meisten zusagt.

Unter diesem Gesichtspunkt habe ich viele wertvolle Hinweise aus den mir zugänglichen Erfahrungsberichten herausgefiltert und Ausschnitte daraus zusammengestellt. Es gibt solche, die sich in eine bestimmte Gruppe wie z.B. »Abendkoliken«, »Dreimonatskoliken mit plötzlichem Ende« einordnen lassen, aber auch jene, die aus jedem mir bekannten Rahmen fallen. Der Darstellung derart vielschichtiger Probleme und einiger möglicher Ursachen folgt ein Kapitel über den Umgang mit einem Baby, in dem Sie konkrete Hinweise und Anregungen finden. Anschließend geht es um Probleme des Alltags, die für Eltern und Angehörige durch das Zusammenleben mit einem untröstlich weinenden Kind entstehen (Isolation, Eheprobleme, Wutanfälle ...). Im Kapitel »Nachwehen und Erkenntnisse« widme ich mich den längerfristigen Auswirkungen auf zwischenmenschliche Beziehungen und das Eltern-

Kind-Verhältnis. Zu einem vorläufigen Ende habe ich im Kapitel »Einsichten – Aussichten« gefunden, das mit einem Aufruf zur Gründung von Selbsthilfegruppen gleichfalls als neuer Anfang zu verstehen ist. Über weiterführende Literatur und nützliche Adressen informiert Sie der Anhang, der mit einem Stichwortverzeichnis und einem Schreitagebuch-Modell (Beispiel und Kopiervorlage) schließt.

Wenn ein Baby während der ersten Lebensmonate untröstlich weint, obwohl es gefüttert und gewickelt wurde, die Eltern alles Erdenkliche unternommen haben, um seine Grundbedürfnisse zu erfüllen, wird häufig angenommen, dass es unter starken Schmerzen leidet. Ein aufgeblähter Bauch und die verkrampfte Haltung des Kindes, das seine Beine anzieht und die Hände zu Fäusten ballt, erweckt den Eindruck, dass Bauchkrämpfe für das unstillbare Schreien verantwortlich seien.

Beobachtungen haben jedoch gezeigt, dass alle Babys, die länger als einige Minuten weinten, die Beine anzogen, den Bauch anspannten, rot wurden und häufig Blähungen abgehen ließen. Da ein weinendes Kind viel Luft schluckt, können Blähungen ebenso Folge des lang anhaltenden Schreiens sein. Außerdem hat die Praxis ergeben, dass »Schrei-Babys« selten auf krampflösende und entblähende Mittel ansprechen.

Unruhige Kinder sind mehr als andere auf ein regulierendes Verhalten ihrer Betreuungspersonen angewiesen. Um einen geregelten Schlaf-Wach-Rhythmus zu entwickeln, brauchen sie einen klar strukturierten Tagesablauf, die Sinne stimulierende rhythmische Bewegungen wie Schaukeln und Tragen und vor allem Eltern, die auf die zeitweise schwer entschlüsselbaren Bedürfnisse ihres Babys angemessen reagieren.

Welche Ursachen übermäßiges Schreien haben kann

»Dreimonatskoliken«

Der Begriff Dreimonatskoliken wird auch heute noch häufig gebraucht, um übermäßiges Schreien von Säuglingen während der ersten drei Lebensmonate zu bezeichnen, dem offenbar keine organische Ursache zu Grunde liegt. Obwohl wissenschaftliche Untersuchungen auf keine von der Norm abweichenden Bewegungen im Verdauungstrakt hinweisen (Wolke, 161), ist noch immer die Annahme verbreitet, übermäßiges Schreien sei Ausdruck starker Bauchschmerzen. Blähungen können jedoch auch Folge des lang anhaltenden Schreiens sein, bei dem das Kind große Mengen Luft geschluckt hat. Bauchmassagen, entblähende Tropfen und Tees führen zudem selten zur offensichtlichen Beruhigung eines schreienden Babys, das vielmehr auf Körperkontakt, rhythmische Bewegungen und Vibrationen reagiert.

Als durchschnittlich und »normal« gilt infolge von Untersuchungen, dass Säuglinge während der ersten drei Lebensmonate insgesamt zwei Stunden am Tag schreien. Die Schreidauer nimmt bis zum Alter von sechs Wochen zu (zweieinhalb Stunden innerhalb einer 24-Stunden-Periode) und fällt auf ca. eine Stunde bis zum Alter von vier Monaten (Wolke, 155-158). In der Kinderheilkunde wird allgemein von Säuglingskolik gesprochen, wenn das

Kind »mehr als drei Stunden täglich an mindestens drei Tagen der Woche oder [...] längere Zeit unmotiviert« schreit (Lentze, 105-106).

Blähungen, unstillbares Schreien und Schlafprobleme bei jungen Säuglingen bilden einen Komplex von schwer zu unterscheidenden Symptomen. Wer Schmerzen hat, kann nicht schlafen, wer nicht schlafen kann, ist leicht reizbar und empfindlicher als im ausgeschlafenen Zustand, so dass z.B. Blähungen, die ansonsten keine schwer wiegenden Schmerzen verursachen, zu einer Verschlimmerung des Gesamtbefindens beitragen können. Was werdende Mütter in Geburtsvorbereitungskursen lernen, mag auch hier von Bedeutung sein: Angst und Stress wirken krämpfeschürend, Schmerzen werden erträglicher durch Entspannungsübungen und ein freundliches Klima der Geborgenheit.

Es begann, als unsere Tochter eine Woche alt war. Von einer Stunde zur anderen wurde aus dem zufriedenen, glücklichen Baby ein schmerzgepeinigtes, schreiendes Kind, das sich meist durch nichts beruhigen ließ. So manche Nacht habe ich mit Lisa um die Wette geheult, wenn ich sie wieder mal sechs bis sieben Stunden herumgetragen hatte und sie immer nur schrie wie verrückt. Dann, urplötzlich, als Lisa neun Wochen alt war, ging es merklich besser, und drei bis vier Wochen später hat es ganz aufgehört. *M.W.*

Es wirkt wie ein Wunder, wenn nach drei Lebensmonaten plötzlich eine Wende eintritt und die Perioden unaufhörlichen Schreiens weniger werden oder völlig verschwinden. Es wird angenommen, dass Entwicklungsschübe für schlagartige Veränderungen verantwortlich sind. »Das Baby lächelt mehr, antwortet deutlicher auf elterliche Anregungen und richtet seine Aufmerksamkeit gezielt auf Gesicht und Stimme der Eltern. Eltern und Kind sind miteinander vertraut geworden, und d.h. verständlicher und voraussagbarer in ihrem Verhalten« (Papou ek, »Beobachtungen«, 87).

Da übermäßiges, unstillbares Schreien hauptsächlich während der ersten drei Lebensmonate auftritt und zwischen dem dritten und vierten Lebensmonat häufig nachlässt oder schlagartig verschwindet, wird auch von »Dreimonatskoliken« gesprochen. Wissenschaftliche Untersuchungen weisen jedoch auf keine von der Norm abweichenden Bewegungen im Verdauungstrakt hin, so dass der Begriff »Kolik« in diesem Zusammenhang unangebracht scheint.

In der Kinderheilkunde wird allgemein von »Säuglingskolik« gesprochen, wenn ein Kind an mindestens drei Tagen der Woche mehr als drei Stunden oder längere Zeit ohne erkennbaren Grund schreit.

»Abendkoliken«

Für die Häufung von untröstlichen Schreiepisoden in den Abendstunden bzw. eine Verschlimmerung des Zustandes am Ende des Tages gibt es bisher keine einleuchtende Erklärung. Illingworth nannte sie daher auch »Abendkoliken« und sprach von einer »mysteriösen Erkrankung« (Illingworth, *Leitsymptome*, 102). Ein Zusammenhang »mit der sinkenden Nährstoffkonzentration in der Muttermilch und daraus resultierendem Hunger gegen Ende des Tages« wurde in Erwägung gezogen, erklärt jedoch nicht das Auftreten von abendlichen Schreiepisoden bei Kindern mit Flaschennahrung (Papou ek, »Beobachtungen«, 86).

Wir erlebten eine sehr schöne erste Woche, doch dann setzten bei Valerie-Rebecka die Koliken ein, jeden Abend gegen 19 Uhr 30. Ich konnte fast die Uhr nach dem Beginn der Schreiattacken stellen. Über Tag hatte ich das ruhigste Kind, und sie beschäftigte sich ganz lange allein. Sie war auf den Tag fünf Monate alt, als die Schreistunden von einem zum anderen Tag aufhörten. *P.S.*

»Dreimonatskoliken«, »Abendkoliken«, »mysteriöse Erkrankungen«, die eigentlich gar keine Krankheiten sind und dennoch bei »bester Gesundheit« zu solch schwer wiegenden Lebenskrisen führen, verwirren den forschenden Menschen, der jedem »Übel« auf den Grund gehen möchte. Für alles wird eine greifbare Erklärung gesucht, um Mittel zu finden, jedes Problem aus der Welt zu schaffen oder zu bekämpfen.

Ein Baby, das viel schreit, ohne dass ein offensichtlicher Grund vorliegt, entspricht in den meisten Fällen nicht den Erwartungen. Babys sollen gut riechen, hübsch aussehen und viel schlafen, während der Wachphasen lächeln und aufgeschlossen den Anforderungen ihrer Umwelt gerecht werden. Sie gelten als lieb und brav, wenn sie keine Probleme bereiten – als hätten sie ihr Verhalten von Geburt an unter Kontrolle. Es fällt schwer, sich mit einem »schwierigen« und ständig schreienden Baby zu identifizieren und vor allem: zu behaupten.

Durch eine Häufung oder Verstärkung von unstillbarem Schreien am Ende des Tages und der Annahme, das Baby leide unter schmerzhaften Bauchkrämpfen, ist auch die Bezeichnung »Abendkoliken« in Gebrauch. Abendliche Schreiepisoden wiederholen sich oft zur gleichen Tageszeit. Sie führen entweder zu einer Verschlimmerung des allgemeinen Unruhezustandes oder treten bei ansonsten ruhigen Babys zu einer wiederkehrenden Zeit in den späten Nachmittags- oder Abendstunden (zwischen ca. 16.00 bis 22.00 Uhr) auf.

Übermäßiges Schreien über die ersten vier Lebensmonate hinaus

Nicht alle den Durchschnitt übersteigenden Schreiepisoden klingen nach drei oder vier Monaten ab, nicht immer hat das Baby einen aufgeblähten Bauch, und in einigen Fällen gibt es auch keine Steigerungen und Höhepunkte in den Abendstunden. Wieder geraten Eltern durch Vergleiche in Unsicherheit, wenn die »Norm« um ihr Baby einen Bogen gemacht hat, und sie fragen sich, ob es nun »Dreimonatskoliken« hat oder gar ernsthaft krank ist bzw. ob nicht doch elterliches Versagen als Hauptursache für das übermäßige Schreien verantwortlich gemacht werden muss.

»Es hört auf, wenn Sie zufüttern.« Auch diese Aussage des Kinderarztes erwies sich als leerer Trost. Wir resignierten. Besser gesagt, wir lernten. Wir hörten auf, ständig nach Ursachen zu suchen und neue »Mittelchen« auszuprobieren. Wir gewöhnten uns an den anstrengenden Tagesablauf und unser ungewöhnliches Kind. Und eines Abends, Daniel war genau sechs Monate und einen Tag alt, stellten wir fest, dass unser Sohn (plötzlich, der vorherige Tag war noch verlaufen wie alle anderen seit seiner Geburt) friedlich in seiner Wiege schlief und an diesem Tag nur 30 Minuten geschrien hatte. *E.A.*

Auch bei meiner Tochter Jana vergingen die häufigen und anhaltenden Schreiphasen nicht nach drei oder vier Monaten, vergeblich hatten wir auf ein überraschendes Ende und die so heiß ersehnte Wende gehofft. Obwohl sich die gesamte Situation zunehmend entspannte und wir deutliche Fortschritte vernahmen, kehrten die Schreiattacken wie aus heiterem Himmel zurück. Damals konnte ich mir nicht vorstellen, dass die Ursache für das Schreien meiner Tochter eine andere als Schmerzen sein sollte, da sie sogar im

Schlaf aufschrie und daraufhin wach blieb, obwohl wir vorsichtig waren und sie nicht bei »jedem Mucks« hochgenommen hatten.

In einigen Büchern las ich, dass solche »Verlängerungen« durch Gewöhnung an die von den Eltern eingeführten Einschlaf- und Beruhigungshilfen entstehen würden. In der Annahme, die vermeintlichen Koliken dürften nach drei Lebensmonaten überstanden sein, solle man das Kind langsam entwöhnen, in seinem Bettchen schreien lassen, bis es sich von selbst beruhige. Ohne Rücksicht auf die jeweilige Persönlichkeit des Kindes (und seiner Eltern) wurden Verhaltensregeln mit Hilfe erfolgversprechender Beispiele empfohlen, denen ich misstraute, obwohl ich durchaus bereit war, mich aufklären zu lassen, Neues zu probieren und meinen mütterlichen Stolz in Zweifel zu ziehen.

Intuitiv streckte ich meine Fühler aus, um die Botschaften meiner Tochter zu empfangen. Zwischen uns schwirrten all die Ratschläge wie Störsender, die ich zu orten suchte. Ich rannte singend durch unser Schlafzimmer, als müsste ich die Geister vertreiben, über die ich mich so schrecklich ärgerte. Am meisten aber ärgerte ich mich über meine Unfähigkeit, unbrauchbare Ratschläge einfach zurückzuweisen und nicht weiter darüber nachzudenken. Stattdessen drehte und wendete ich sie – wie gut hätte ich diese Energie für meine Tochter und mich einsetzen können! Eben jene Ratschläge, die mich zur »Schuldigen« werden ließen, da ich dies oder das nicht oder falsch machte, hielten mich davon ab, das wirklich Richtige zu tun. Mit dieser Erkenntnis und voller Energie sponn ich an dem zunächst roten und später bunten Faden für dieses Buch.

Ich bin keine Wissenschaftlerin, die vor lauter Streben nach Glaubhaftigkeit an ihren Beweisnöten ersticken möchte. Die tatsächliche Not besteht nicht darin, einander mit Studien-, Untersuchungsergebnissen und Statistiken das Recht einzuräumen, dies oder jenes zu behaupten. Während solcher zeitaufwendigen Arbeiten schreien Hunderte, Tausende und mehr Babys, ihre Eltern verzweifeln, vielleicht so sehr, dass sie sich oder ihrem Kind Gewalt antun. Wir müssen jetzt handeln, lieber gestern als heute etwas unternehmen – eine Mutter hat keine Sekunde zu verlieren, wenn sie ihre Gefühle nicht mehr unter Kontrolle halten kann, weil ihr die nötige Ruhe fehlt. Mit theoretischen Abhandlungen ist niemandem geholfen, ganz im Gegenteil, sie lenken ab von der Realität, in der jeder Moment zählt. Ständig kann der berühmte Tropfen das explosiv geladene Fass zum Überlaufen bringen, und ein Kind sowie seine Eltern werden – möglicherweise für ein Leben lang – seelisch und/oder körperlich verwundet sein!

Vielleicht besteht das größte Missverständnis darin, dass zu viele Ärzte glauben, ihre Patienten würden Wunder von ihnen erwarten, während sie sich einfach nur ein wenig Zuspruch und Trost wünschen und das Gefühl, ernst genommen zu werden. Warum spricht ein Arzt nicht ehrlich von seiner Unsicherheit, dass er unter einem schwer erträglichen Erfolgsdruck leidet, wenn er die Erwartungen hilfesuchender und verzweifelter Eltern nicht zu erfüllen vermag, obwohl er so gerne etwas Greifbares anzubieten hätte? Wie traurig ist es, dass Menschen so große Angst davor haben, ihre Schwächen zu offenbaren, von denen niemand frei ist!

Die tatsächliche Not besteht wohl in einem grundsätzlichen Mangel an Vertrauen, einem gestörten Urvertrauen zu uns selbst, unseren Vorfahren, Eltern, Großeltern ... Mit guten Vorsätzen bereiten wir uns auf Schwangerschaft, Geburt und Säuglingspflege vor. In der Hoffnung, ein gesundes Kind zur Welt zu bringen, übersehen wir wesentliche Probleme, die durch ein seelen- und kinderfeindliches Klima noch immer bestehen; trotz Stillfreundlichkeit, »Rooming-in« und Geburtsbegleitung durch die Väter bestimmen sie weiterhin die Atmosphäre.

Auf der Wöchnerinnenstation wurde mir mein Baby aus dem Arm genommen und kam, wie es üblich war, für die Nacht ins Kinderzimmer. Ich habe kaum geschlafen, nur auf das Weinen aus dem Kinderzimmer gehört und war unendlich traurig und hilflos. Nach dringendem Bitten wurde mir Josephine einmal zum Stillen gebracht, sie war vom Weinen ganz nass geschwitzt und zitterte. Von den Schwestern erfuhr ich weder moralische noch praktische Unterstützung.

Zu Hause angekommen wurde ich wieder ruhiger. Josephine schlief friedlich, ich konnte mich endlich entspannen. Nur nachts weinte sie regelmäßig, was wir auf ihre schlechten Klinikerfahrungen zurückführten. Ungefähr zehn Tage später schlief Josephine nach dem Stillen nicht mehr ein, wirkte unruhig und unzufrieden. Die Wachphasen wurden immer länger, sie begann zu weinen, anfangs ein- bis zweimal täglich, meist vormittags. Nach drei bis vier Wochen mussten wir nach jeder Mahlzeit mit zwei Stunden Jammern, Weinen oder regelrechtem Schreien rechnen.

Josephine hatte schnell einen spürbaren Tag-Nacht-Rhythmus, sie weinte nachts deutlich weniger. Dafür wurden die Tage immer schlimmer. Sie schrie mitunter stundenlang herzzerreißend, war triefend nass geschwitzt und sah dann mehr tot als lebendig aus. Oft endeten solche Attacken mit einem sprudelnd lauten Stuhlgang, woraufhin sie sofort erschöpft einschlief.

Krampfhaft versuchten wir, eine Ursache zu finden: War die Schwangerschaft zu unruhig oder die Geburt zu schlimm gewesen, hatte der Klinikaufenthalt so großen Schaden angerichtet? Hätten wir Josephine von Anfang an mehr ins Tragetuch nehmen müssen? Gingen wir falsch mit dem Baby um? Hatte es wirklich Schmerzen? Oder langweilte es sich gar? ... Die Fragen und Zweifel nahmen kein Ende. Wir stellten tausend Theorien auf. *D.H.*

Wenn ich solche ehrlichen Schilderungen lese und mir in Erinnerung rufe, wie abwertend Nichtbetroffene urteilen, indem sie den Eltern mangelnde Liebesfähigkeit oder ein gestörtes Verhältnis zu ihrem Kind unterstellen, frage ich mich, ob nicht eher eine schwer wiegende Störung in der Kommunikation zwischen *erwachsenen* Menschen besteht, dass solche Missverständnisse überhaupt eine Chance erhalten.

Eltern, die ihr Kind nicht lieben, würden sich nicht selbst bis an ihre äußersten Grenzen in Frage stellen und all ihre Kräfte einsetzen, um die Botschaft ihres weinenden Babys zu verstehen. Sie würden den Ratschlägen ihrer Verwandten und Bekannten folgen und ihr Kind »einfach mal schreien lassen«, möglichst in einem schallisolierten Raum, damit »alle ihre Ruhe haben«. Sie hätten keine Schuldgefühle, würden weder Trauer noch Wut empfinden, sondern die »Schreierei« als etwas Normales oder gar Gesundes hinnehmen. Eltern, die ihr Kind nicht lieben und achten, würden ihm vielleicht später als Erwachsenem raten, ein Baby schreien zu lassen und es nicht zu sehr zu verwöhnen.

Wenn wir Probleme mit unseren Kindern haben, erwachen die bisher ungelösten Konflikte aus unserer eigenen Kindheit. So scheint es nur logisch, dass Kommunikationsstörungen zwischen jungen Eltern und Großeltern durch den übermäßig schreienden Säugling heraufbeschworen werden. Je schwer wiegender diese Konflikte waren, desto größer ist die Gefahr, dass das unschuldige, weinende Baby als Sündenbock missbraucht wird und die Feindseligkeit der Generationen auf sich zieht.

Ich bin meiner Tochter dankbar, dass sie mich herausgefordert hat, diese komplizierten Zusammenhänge aufzuspüren. Sich darauf zu versteifen, eine oder mehrere definierbare Ursachen für Koliken oder übermäßiges Schreien wie einen gehetzten Dieb stellen zu wollen, gleicht einer Reise in ferne Länder, einer Flucht, weg von unseren kranken und verkümmerten Wurzeln.

Wir wollen eine »natürliche« Geburt erleben, aber andererseits nicht darauf verzichten, unser Kind per Ultraschall beobachten und untersuchen zu lassen. Wir benutzen Waschmaschinen, um naturbelassene Baumwollwindeln zu reinigen, fahren mit dem Auto zur Klinik, zum Kinderarzt, zum Einkaufen, greifen zum Telefon, um die Hebamme zu benachrichtigen ... ganz selbstverständlich. Gesund sein soll unser Baby auf jeden Fall, jede medizinische Hilfe ist willkommen, um das Leben zu fördern und erhalten. Und so müssen wir uns auch mit den Konsequenzen auseinander setzen, ohne zu vergessen, dass wir Beteiligte sind und mehr oder weniger zu all den »Entfremdungen« beitragen.

Wenn wir tatsächlich wollen, dass unsere Kinder es einmal besser machen als wir, dann müssen wir bei uns selbst anfangen, um unseren Nachkommen nicht weiterhin Massen unverdauter Probleme zu vererben, die von Generation zu Generation komplizierter werden.

Manchmal möchte ich resignieren, wenn ich spüre, dass es nur noch wenige Sekunden vor 12 ist und wir uns in einem Wirrwarr von Verknotungen befinden, für die ich als einzelner Mensch nicht die Hand ins Feuer halten kann. Dann frage ich mich, ob ich meiner Tochter nicht zu viel Leid zufüge, indem ich sie in diese Welt geboren habe, die ich allein nicht zu ändern vermag. Doch der kleine Mensch ist voller Lebensfreude, Neugier und Streben nach Selbständigkeit, und mir wird klar, dass es unsere Aufgabe ist, diesen Drang zu unterstützen, anstatt uns hängen zu lassen und die energiegeladenen jungen Wesen in die Tiefe zu ziehen. Gemeinsam mit unseren Kindern können wir es schaffen, aber niemals gegen sie – denn sie würden mit Recht, direkt oder auf Umwegen, zurückschlagen!

Übermäßiges Schreien und allgemeine Unruhe klingen nicht grundsätzlich nach drei oder vier Lebensmonaten ab. In manchen Fällen kommt es erst nach fünf, sechs oder mehr Monaten zu einer plötzlichen oder aber langsam sich einstellenden Beruhigung der angespannten Situation. Trotz anhaltender Unruhe zeichnen sich jedoch deutlichere Schlaf-Wach-Rhythmen ab, die Schreiepisoden am Abend und in der Nacht verringern sich und treten gleichmäßiger über den Tag verteilt auf.

Allergien, Nahrungsmittelunverträglichkeiten

Die Spekulation, eine Nahrungsmittelunverträglichkeit oder -allergie könne Ursache für das übermäßige Schreien eines offensichtlich gesunden Säuglings sein, wird in kaum einem Artikel ausgelassen, der sich mit Koliken oder unruhigen Babys befasst. Stillende Mütter werden aufgefordert, diverse Nahrungsmittel in ihrer Ernährung zu meiden, allen voran die Kuhmilch, um herauszufinden, ob ihr Kind überempfindlich auf bestimmte Stoffe reagiert, die durch die Muttermilch übertragen werden. Der daraus resultierende Diätplan endet nicht selten an der Schwelle einer Fastenkur, da im Grunde jedes Lebensmittel zu Überempfindlichkeitsreaktionen führen kann.

Wer Kuhmilchprodukte in seiner Ernährung meiden will, muss auf Käse, Quark, Jogurt, Sahne und alles verzichten, was mit einem Zusatz von Milchpulver und Ähnlichem hergestellt wurde. Steigt die Mutter als Ersatz auf Sojaprodukte um, sollte sie wissen, dass auch diese Unverträglichkeitsreaktionen hervorrufen können. Vielleicht ist es aber auch etwas ganz anderes, Getreide z.B.? Also kein Brot, keine Nudeln, keinen Kuchen mehr? Oder sind die Südfrüchte schuld? Hühnereier? Konservierungsmittel, Farb- oder andere Zusatzstoffe?

Schneller am Ziel solcher Diäten als Ausschlussmöglichkeit von Nahrungsmittelunverträglichkeiten sind möglicherweise Mütter, die ihr Baby ohnehin mit Flaschenmilch ernähren. Speziell für allergiegefährdete Säuglinge werden von einigen Firmen allergen-*arme* Milchpulver hergestellt, die mit dem Zusatz H.A. (»hypoallergen« oder »hypoantigen«) gekennzeichnet sind, aber auch solche auf Sojabasis gibt es auf dem Markt. Eine sichere und bessere

Alternative zum Stillen bieten sie allerdings nicht, da wirklich allergen*freie* Kost nicht existiert.

Viele Mütter sind gerne bereit, auf eine ausgewogene Ernährung zu verzichten, in der Hoffnung, ihr Kind von seinen Qualen befreien zu können. Doch die Häufigkeit solcher Nahrungsmittelunverträglichkeiten wird meist überschätzt, und das Ergebnis ist seltener ein zufriedenes Baby als eine überforderte Mutter, die vor lauter Studieren von Lebensmittelanalysen keinen Bissen mehr zu genießen wagt.

Aus einer ganzen Palette von Ratschlägen stellte ich mir meinen Speiseplan zusammen. Da blieb nicht mehr viel »ungefährlich« Essbares übrig. Diese »strenge Diät« hielt ich ca. drei Tage durch, dann war es so weit, dass ich enorme Kreislaufprobleme bekam. Die spärliche Ernährung und sehr wenig Schlaf führten dazu, dass mir regelmäßig schwarz vor Augen wurde. Und was war das Resultat? Unsere Kleine weinte bei Tag und Nacht genauso erbärmlich wie zuvor! Schließlich ernährte ich mich wieder so, wie ich es für richtig hielt, und es wurde weder besser noch schlechter. *S.B.*

Auch ich stillte meine Tochter und probierte solche Diäten – ohne Erfolg. Hinzu kam, dass sich meine Schuldgefühle nun um meine Rolle als Nährmutter drehten, ich glaubte, reines Gift zu produzieren, durch das mein Kind schlimmste Qualen erleiden musste. Die Reduzierung meiner Ernährung auf Lebensmittel, die mir wenig schmeckten, glich einer Selbstbestrafung, ich war kurz davor, in den Hungerstreik zu treten. Immer wieder versuchte ich mir einzubilden, der Zustand meiner Tochter habe sich gebessert, und traute mich nur schweren Herzens, das eine oder andere Nahrungsmittel erneut zu probieren. Da ohnehin kein Tag wie der andere verlief, brauchte nur eine leichte Steigerung von Janas Unruhe mit einem Testessen zusammenzufallen, und ich verzichtete sicherheitshalber auch weiterhin auf Käse oder Zucker oder ... ich war hypersensibel und ganz durcheinander.

Nach vier Monaten stillte ich langsam ab und fütterte Jana auf Anraten eines Kinderarztes mit einer hypoallergenen Milchnahrung. Endlich wusste ich, dass meine Ernährungsweise nicht schuld war, denn auch durch diese Umstellung trat keine offensichtliche Besserung ein. Irgendwann griff ich zur Probe eines »normalen« Flaschenmilchpulvers auf Kuhmilchbasis, ohne dass sich Janas Zustand verschlimmert hätte.

Die Bedeutung der sog. »Kuhmilchproteinintoleranz« wird tatsächlich meist überschätzt, so der Diplom-Psychologe Dr. Dieter Wolke, der sich mit der Problematik des »exzessiv schreienden« Säuglings eingehend befasst hat. Kritische Auswertungen kontrollierter Studien und weitere »Feldstudien mit Kindern aus atopisch belasteten Familien« zeigen, »dass nur in einer Minorität (ca. 10% der Fälle) Kuhmilchproteinintoleranz impliziert ist [...]. Es ist daher mit Besorgnis festzustellen, dass immer mehr Mütter während des Stillens auf Kuhmilch in ihrer Ernährung verzichten oder teurere, sog. hypoallergene Milchzubereitungen füttern, die zudem häufig gewechselt werden« (Wolke, 180-181).

Die Bezeichnung *Allergie* bedeutet wörtlich übersetzt Anders-Reaktion. Im Immunsystem eines Allergikers werden durch den Kontakt mit »gewöhnlichen« Substanzen spezifische Antikörper gebildet, die eine Überempfindlichkeitsreaktion verursachen. Die Stoffe, welche die Bildung solcher irregulärer Antikörper herausfordern, werden Allergene genannt und können unterschiedlichster Herkunft sein. Nicht jede Überempfindlichkeitsreaktion beruht auf einer Bildung spezifischer Antikörper im Immunsystem und dürfte im strengen Sinne nicht als Allergie bezeichnet werden. Hier sollte eher von *Unverträglichkeit* oder *Intoleranz* gesprochen werden (Illing, *Erkrankungen*, 41).

Das Risiko, an Allergien zu erkranken, ist bei Kindern erhöht, deren Eltern selbst unter Allergien leiden, da die Neigung zur

Allergie vererbt werden kann, womit nicht vorauszusehen ist, welcher Art diese Allergie sein wird und wann sie in Erscheinung tritt. Ist ein Elternteil Allergiker, so besteht die Möglichkeit, dass zu 20 bis 40% seine Kinder früher oder später auch allergisch reagieren, leiden beide Eltern unter Allergien, müssen ihrer Kinder zu 40 bis 60% mit einer Neigung zu allergischem Reagieren rechnen. Hierbei kann es durchaus vorkommen, dass z.B. das Kind eines Asthmatikers unter Ekzemen leidet und auf andere Stoffe überempfindlich reagiert als sein Vater. Vererbt wird nicht die spezifische Allergie, sondern die Neigung, überhaupt und irgendwie allergisch zu reagieren. Sind beide Eltern gesund, liegt das Risiko zwischen 5 und 15%, dass ihre Kinder an Allergien erkranken. (Illing, *Erkrankungen*, 18)

Mütter von übermäßig schreienden Säuglingen sollten wissen, dass es unter Umständen eines penibel ausgeführten, systematischen Vorgehens bedarf, um einen oder gar mehrere Stoffe aufzuspüren, die ihr Kind nicht verträgt bzw. allergische Reaktionen hervorrufen, wenn eine Überempfindlichkeit vorliegt. Es mag zwar Fälle geben, wo der wenige Tage dauernde Verzicht auf Kuhmilch bereits eindeutige Ergebnisse bringt. Genauso möglich ist aber auch das allergische Reagieren auf ganz andere, unvermutete Lebensmittel oder vielleicht Materialien aus der Umgebung, deren Staubteilchen über die Atemluft in den Körper gelangen. Während die einen schon auf kleinste Mengen eines Lebensmittels reagieren, kann die Toleranzschwelle in anderen Fällen durchaus höher liegen, so dass erst ab einer gewissen Dosis Überempfindlichkeitsreaktionen wahrgenommen werden.

Eltern, die rund um die Uhr einen schlecht schlafenden und häufig schreienden Säugling betreuen müssen, sind mit einer solchen Detektivtätigkeit meist überfordert. Andererseits ist es verständlich, wenn sie die Möglichkeit einer Allergie gerne ausschließen möchten. Hier bedarf es zumindest eines gezielten Vorgehens, bei dem ein Arzt um Rat gefragt werden sollte, um unnötige Diätversuche und selbstquälerische »Hungerkuren« zu vermeiden. Suchen die einen verzweifelt, aber erfolglos nach einem Nahrungsmittel, das für die Unruhe ihres Kindes verantwortlich gemacht werden soll, wird in anderen Fällen (ärztlicherseits) versäumt, eine bestehende, bisher unerkannte Lebensmittelunverträglichkeit als mögliche Ursache in Betracht zu ziehen, obwohl gesundheitliche Störungen wie Durchfall und Infektionen zumindest ein Wink in diese Richtung sein könnten.

Etwa eine Woche nach der Geburt hatte Bianca ihre ersten Schreianfälle. Nach drei Monaten kam es zu einer Besserung. Ab dem sechsten Monat schlief sie aber auch nachts nur wenig. Zahnen und ständige Erkältungen kamen hinzu.

Um ihren ersten Geburtstag herum ging es dann wieder so richtig los: Blähungen, Krämpfe, Ängste, Zahnen und Erkältungen. Innerhalb von 24 Stunden brachte ich sie nur mit Mühe dazu, insgesamt zwischen zwei und vier Stunden zu schlafen. Sie war völlig überdreht.

Unsere Kinderärztin konnte nichts Organisches feststellen und hat meinen Schilderungen kaum geglaubt. Als Bianca nach einer langwierigen Magen-Darm-Infektion wirkte, als würde sie gleich durchdrehen, verschrieb sie ihr ein Medikament zur Beruhigung, was überhaupt nicht half. Ein anderes Mittel machte Bianca noch unruhiger. Die Kinderärztin vertröstete uns damit, dass unser Kind sehr lebhaft sei und spätestens nach dem Zahnen alles vorbei sein würde. Bianca hatte jedoch immer mehr Schmerzen. Litt sie im ersten Lebensjahr meist unter Verstopfung, bekam sie jetzt immer öfter Durchfall und dann einen schwärzlichen Stuhlgang, der aussah wie Hasenkot. Die Ärztin nahm das nicht weiter ernst.

Bianca aß immer mehr, nahm jedoch nicht zu und wuchs kaum. Nach einer weiteren Magen-Darm-Infektion bekam sie einen erschreckenden Blähbauch. Endlich reagierte die Kinderärztin, machte einen Bluttest und ließ den Stuhl untersuchen mit dem Ergebnis, dass Bianca auf bestimmte Stoffe allergisch ist. Eine Ausschlussdiät mit anschließenden Provokationstests ergab, dass sie u.a. auf Milchzucker reagierte.

Alle Nahrungsmittel, bei denen der Verdacht bestand, dass Bianca sie nicht verträgt, ließen wir nun weg. Nach drei Wochen ging es ihr auffallend besser, nach weiteren drei Wochen konnte sie endlich schlafen. Unsere Tochter schläft jetzt zehn bis zwölf Stunden, hat keine Schmerzen und Angstzustände mehr, und wir können ein normales Leben führen. *B.W.*

Ein Kind, das Durchfall hat, häufig erkältet ist, unter Magen-Darm-Infektionen leidet, trotz erhöhter Nahrungsaufnahme nicht mehr zunimmt und im Wachstum stagniert, ist alles andere als gesund und dürfte in die Kategorie »Dreimonatskoliken« oder »unruhiger Säugling bei fehlender körperlicher Ursache« gar nicht eingeordnet werden.

Durchfall und Erbrechen sind geläufige Begleitsymptome von Nahrungsmittelunverträglichkeiten, müssen jedoch nicht zwangsläufig zu einer entsprechenden Diagnose führen. Magen- und Darmbeschwerden können wie z.B. auch Hautausschläge ganz andere körperliche oder auch psychische Ursachen haben. Treten mehrere Symptome gleichzeitig und dazu noch ganz offensichtlich in Verbindung mit der Nahrungsaufnahme auf, ist es nahe liegend, eine Lebensmittelunverträglichkeit zu vermuten.

Jeden Tag war Simon viele Stunden lang wach, schrie dauernd und sein Bauch war völlig aufgebläht. Kurz nach dem Stillen ging das Gebrüll los. Er bekam schon während des Stillens kleine rote Flecken im Gesicht und auf der Brust. Diese wurden dann wieder schwächer, sind manchmal sogar bis zum nächsten Stillen ganz abgeklungen. Dann ging es von vorne los. Mein Vater gab mir dann den ersten Denkanstoß: Er erzählte, dass er selbst Muttermilch nicht vertragen hat. Zwei Tage später äußerte meine Tante, dass es auch bei ihren Kindern Probleme nach dem Stillen gab. Simon war gerade fünf Wochen alt. Nach Absprache mit dem Kinderarzt stellte ich auf Flaschennahrung (auf Kuhmilchbasis) um. Die Wirkung war grandios. Ich wartete jede Minute auf das übliche Schreikonzert, aber nichts geschah. Simon quengelte und weinte ein bisschen, aber das war richtig angenehm im Vergleich zu vorher. *S.B.*

Bereits die hier geschilderten Einzelfälle von Nahrungsmittel-unverträglichkeiten weisen auf die Vielschichtigkeit der angedeuteten Problematik hin. Je mehr ich mich mit Literatur zum Thema beschäftigt hatte, desto größer wurde mein Verständnis für das Unwissen von Medizinern, die womöglich überfordert sind, wenn ihnen eine entsprechende Zusatzausbildung im Bereich der Allergologie fehlt. Deshalb halte ich es für wichtig und erstrebenswert, dass ein Kinderarzt sein Unwissen gegenüber den Hilfesuchenden eingesteht, um sie an einen Fachkundigen zu überweisen bzw. auf andere weiterführende Hilfsangebote wie z.b. Selbsthilfegruppen oder Literatur aufmerksam zu machen. Im Kapitel »Ernährungskontrolle im Hinblick auf mögliche Nahrungsmittelunverträglichkeiten« (S. 83ff.) werden einige Schritte vorgeschlagen, einer vermuteten Nahrungsmittelunverträglichkeit nachzuspüren.

In manchen Fällen können allgemeine Unruhe, Schlafprobleme und übermäßiges Schreien auch auf eine Nahrungsmittelunverträglichkeit hinweisen. Auffällige Begleitsymptome sind Durchfall, Erbrechen, Hautausschläge, Atemstillstände und wiederkehrende Infektionen. Kuhmilch gilt als das häufigste Nahrungsmittel, das bei jungen Säuglingen zu Unverträglichkeitsreaktionen führt. Die Bedeutung der sog. Kuhmilchproteinintoleranz wird jedoch im Zusammenhang mit übermäßig schreienden Babys meist überschätzt.

Vorsorglich brauchen stillende Mütter nicht auf Kuhmilchprodukte in ihrer Ernährung zu verzichten. Auch die Gabe hypoallergener Milchnahrungen führt nur selten zu einer Lösung der Schreiprobleme. Um Nahrungsmittelunverträglichkeiten aufzuspüren, bedarf es eines gezielten Vorgehens, bei dem bestimmte Lebensmittel nur für einen befristeten Zeitraum aus dem Ernährungsplan der stillenden Mutter gestrichen werden. Lesen Sie hierzu das Kapitel »Ernährungskontrolle im Hinblick auf mögliche Nahrungsmittelunverträglichkeiten« (S. 83ff.).

Körperliche Ursachen

Wenn ein Neugeborenes untröstlich schreit, obwohl es gefüttert und gewickelt wurde, warm bzw. luftig genug gekleidet ist und die Nähe zu einem vertrauten Menschen spürt, liegt es nahe, körperliches Unwohlsein zu vermuten oder eine Krankheit, die schreckliche Schmerzen verursacht. Eltern solcher »Schrei-Babys« suchen meist einen Kinderarzt auf, um der Schreiursache durch eine körperliche Untersuchung auf den Grund zu gehen. Häufig kehren sie mit der Diagnose »Dreimonatskoliken« heim und der Bemerkung, dass ihr Kind prächtig gedeihe und völlig gesund sei. Nicht selten wird ein weiterer Arzt um Rat gefragt, eine Hebamme oder ein Heilpraktiker, da es schwer fällt, an die Gesundheit eines Babys zu glauben, das so furchtbar und anhaltend schreit. Das Misstrauen der Eltern ist durchaus begründet, denn tatsächlich gibt es Fälle, in denen körperliche Ursachen wie z.B. *Gallensteine* für das Schreien eines Babys verantwortlich sind, obwohl der Arzt eine andere Diagnose gestellt hat:

Die Ursache für den Schmerz unseres kleinen Christoph haben wir durch Zufall herausgefunden, als er zehn Wochen alt war. Christoph hatte wie viele Kinder die Neugeborenengelbsucht, und wir ließen den Bilirubinspiegel noch einmal im Krankenhaus überprüfen. Dabei stellte sich heraus, dass der Wert seit unserer Klinikentlassung nicht gesunken war. Bei einer routinemäßigen Ultraschalluntersuchung der Leber wurden schließlich Gallensteine festgestellt. Als Christoph fünf Monate alt war, habe ich nach einer schlimmen Kolik sechs Gallensteine in seiner Windel gefunden. *M.L.*

Ich habe erlebt, dass einer der Kinderärzte, den wir mit unserer Tochter aufsuchten, bei der körperlichen Untersuchung nicht sehr gründlich war. Er hörte sich kurz unsere Zustandsbeschreibung an, tastete den Bauch ab, griff zum Rezeptblock und erklärte zügig die Wirkung der verschriebenen Medikamente. Vermutlich sei eine Besserung nach soundso viel Wochen zu erwarten usw. Andere Mütter berichteten von ähnlich oberflächlichen Untersuchungen. Nachdem ich von Fällen wie den hier geschilderten weiß, ist mein Erstaunen gewachsen, dass leichtfertig Diagnosen gestellt werden, ohne sich eingehend mit dem körperlichen Zustand des Babys befasst zu haben. In dem folgenden Fall hätte eine Fehldiagnose fast zum Verlust einer Niere geführt:

Die ersten acht bis neun Wochen hatte Jens sehr viel geschlafen. Von heute auf morgen war es plötzlich mit der Ruhe vorbei. Er weinte viel, und jede Nacht mussten wir mindestens sechs- bis siebenmal aufstehen, um unseren Kleinen zu beruhigen. In diesem Jahr waren wir fast jede zweite Woche beim Arzt. Keiner konnte uns helfen. Dazu kam, dass Jens immer häufiger krank wurde. Von einer starken Erkältung über eine oder mehrere Mittelohrentzündungen bis hin zu Kreislaufstörungen.

Den Schock des Lebens bekam ich, als ich Jens eine neue Windel anlegen wollte: Anstatt Urin vorzufinden, sah ich Blut. Im Krankenhaus stellte man fest, dass Jens eine sehr starke Harnwegsinfektion hatte, die mit starken Antibiotika behandelt wurde. Erst bei einer zweiten Ultraschalluntersuchung sah die Kinderärztin sich auch die Nieren an – und entdeckte Nierensteine. Unser Jens (er war inzwischen 15 Monate alt) hatte die ganze Zeit Nierenkoliken gehabt! Die Ärzte meinten, wenn wir zwei bis drei Monate später gekommen wären, wäre der Nierenschaden irreversibel gewesen. Bei der folgenden Operation wurde festgestellt, dass Jens unterhalb der Niere eine Harnleiterengstelle hatte. Seitdem schläft er die ganze Nacht durch. Es ist ein tolles Gefühl, wie das Kind auflebt! *P.T.*

Gallen- und Nierensteine sind bei Säuglingen selten, jedoch nicht ohne weiteres zu diagnostizieren. *Gallensteine* können u.a. die Gallengänge blockieren, so dass es durch den erschwerten Abfluss von Gallenflüssigkeit zu Gelbsucht kommt. *Nierensteine* entstehen durch Stauungen größerer Urinmengen in den Harnwegen, wenn sie durch Verschluss oder Verengungen blockiert sind. *Harn-wegsinfektionen* sind eine häufige Folge solcher Stauungen, die jedoch nicht grundsätzlich auf einer Missbildung oder Störung der Harnwege beruhen, sondern bereits durch Verunreinigung entstehen können. Harnwegsinfektionen treten bei etwa 1 bis 2% aller Säuglinge auf (Boston Children's Hospital, 437) und sind in der Allgemeinpraxis nur schwer mit absoluter Sicherheit festzustellen. Das Hauptproblem besteht darin, eine saubere Urinprobe zu erhalten und sie rechtzeitig ins Labor zur Untersuchung zu bringen bzw. einzusenden. Trotz aller Vorsichtsmaßnahmen kann es zu einer Verschmutzung des Urins kommen, deshalb sollte man sich zur Diagnose eines Harnwegsinfektes niemals auf eine einzige Probe verlassen. Illingworth schlägt vor, dass alle nachgewiesenen Harn-wegsinfekte in ein Krankenhaus eingewiesen werden sollten, um die Patienten radiologisch untersuchen zu lassen und langfristige Nachkontrollen zu gewährleisten. (Illingworth, *Leitsymptome*, 266-268)

Der Mediziner Joseph N.H. Du hatte in seiner Praxis Gelegenheit, eine große Zahl ansonsten gesunder Kinder zu untersuchen, die unter Koliken litten. In drei Fällen diagnostizierte er Harnleiterinfektionen, durch deren Behandlung die »Koliksymptome« verschwanden. Er folgert aus seinen Erfahrungen, dass bei besonders schweren Koliken, gerade auch solchen, die länger dauern als drei Monate, eine urologische Untersuchung vorgenommen werden sollte. (Du, 334-337)

Unruhe, Schlafprobleme und übermäßiges Schreien können sich auch als Begleitsymptome des *gastroösophagealen Reflux*, auch *Kardiainsuffizienz* genannt, äußern (Müller, 116). Zwischen Speiseröhre (Ösophagus) und Magen (Gaster) befinden sich ein Muskel und ein lappenartiges Ventil, die das Rückfließen des Mageninhalts in die Speiseröhre verhindern sollen. Bei Säuglingen mit Problemen bei diesem Pförtnermechanismus zwischen Speiseröhre und Magen kann es zu einem Rückfluss (Reflux) der eingenommenen Speise kommen, dessen auffälligstes Symptom Sodbrennen und im Säuglingsalter häufig Erbrechen ist, besonders nach den Mahlzeiten. Das Erbrechen ist jedoch nicht mit Ausscheidungen der Galle (gelb oder grün) verbunden und geschieht normalerweise ohne Anstrengung. Während des ersten Lebensjahres reifen Schließmuskel und Ventilmechanismus gewöhnlich so weit heran, dass die Probleme ohne dauerhafte Komplikationen verschwinden. (Boston Children's Hospital, 469-470)

Auch schon im Krankenhaus fiel es niemandem auf, dass meine Tochter viel spuckte und schrie. Oft erbrach sie sich, sofort nachdem sie ihr Fläschchen getrunken hatte, während ich sie an meine Schulter zum Aufstoßen legte. Die ganze Portion kam auf einmal in zwei bis drei Schwällen heraus. Laut meiner Kinderärztin hatte meine Tochter Koliken.

Erst um Melanies ersten Geburtstag herum bekamen wir Hilfe von einem Oberarzt im Krankenhaus. Bei einem Test wurde der PH-Wert in der Speiseröhre über einen Zeitraum von 24 Stunden gemessen, wobei sich herausstellte, dass Melanie unter einem Reflux litt, d.h., der Magensaft und die Speisereste laufen in die Speiseröhre zurück, sobald sie flach im Bett liegt. Da dieser Zustand nun schon 13 Monate gedauert hatte, war es zu einer Entzündung in der Speiseröhre gekommen.

Jetzt bekommt Melanie zwei Medikamente (Propulsin und Trigastil). Im Bett muss sie schräg liegen, also mit dem Oberkörper etwas höher. Und flüssige Nahrung wie Milch wird mit Nestargel (Firma Nestlé) angedickt. Ansonsten müssen wir abwarten, da sich dieser Reflux mit dem Alter verwächst.

Die Medikamente haben innerhalb von zwei Tagen angeschlagen. Melanie ist wie ausgewechselt. Sie lässt sich jetzt sehr schnell beruhigen und schläft pro Nacht zwölf Stunden und mehr. *T.H.*

Ein Säugling, dessen Mageneingang nicht problemlos funktioniert, so dass es zu einem Rückfluss der Speise kommt, muss nicht in jedem Fall unter häufigem Erbrechen oder Spucken leiden. Der gastroösophageale Reflux kann als mögliche Ursache für übermäßiges Schreien und Schlafprobleme deshalb zunächst unerkannt bleiben und sollte aus medizinischer Sicht bei der Untersuchung in Erwägung gezogen werden (Müller, 123). Kommt es dabei zu einer entsprechenden Diagnose, so helfen häufig bereits einfache Maßnahmen wie Oberkörperhochlagerung, Eindicken der Nahrung und evtl. die Behandlung mit Medikamenten zur Neutralisierung der Magensäure (Müller, 116). Bei fehlender oder mangelhafter Beratung der Eltern über die Zusammenhänge zwischen gastroösophagealem Reflux und Unruhe des Säuglings besteht die Gefahr eines Teufelskreises: Durch Schlafmangel steigt die Unruhe, Kind und Eltern sind überreizt, das Baby schreit und schluckt Luft, so dass der Druck im Magen steigt und damit die organische Schwachstelle überfordert wird.

In einem anderen Fall führte die medikamentöse Behandlung einer *Störung der Dickdarmflora* zu einer vollständigen Besserung der Unruhezustände, die bereits seit fünf Monaten bestanden hatten.

Natürlich gibt es noch eine ganze Reihe anderer körperlicher Ursachen, die ein Baby dazu veranlassen können, unaufhörlich zu schreien. Glücklicherweise werden viele von ihnen durch entsprechende Begleitsymptome rechtzeitig erkannt, und mit den hier geschilderten Fällen soll nicht der Eindruck erweckt werden, alle Mediziner seien unfähig und oberflächlich bei ihrer Arbeit. Trotz allem kann es von großem Nutzen sein, wenn sich Eltern und andere Bezugspersonen gut informieren und ihre Beobachtungsgabe schulen, um eine Zusammenarbeit mit dem Arzt anzustreben, der oftmals in kürzester Zeit eine Diagnose stellen muss.

In der Annahme, dass ihr Baby unstillbar schreit, weil es unter körperlichen Schmerzen leidet, suchen die meisten Eltern zunächst einen Kinderarzt auf. Nur in wenigen Fällen bestätigt sich dieser Verdacht, wobei Fehldiagnosen auch nach einer gründlichen Untersuchung nicht auszuschließen sind. Dabei können Harnwegsinfektionen, Gallen- und Nierensteine sowie eine Störung des Magenpförtnermechanismus (gastroösophagealer Reflux) zunächst unentdeckt bleiben.

Die Eltern eines Schrei-Babys sollten mit dem behandelnden Kinderarzt über ihre Befürchtungen sprechen, ihn auf beobachtete Krankheitssymptome hinweisen und eine gründliche Untersuchung voraussetzen dürfen. Bei mangelnder Kooperationsbereitschaft ist es angebracht, den Arzt zu wechseln.

Psychische Ursachen und Einflüsse

M it meiner Tochter auf dem Schoß, deren nächste Quengelphase ich in jedem Moment erwartete, lauschte ich einem Gespräch zwischen zwei Müttern im Wartezimmer einer Arztpraxis. Die erste Mutter hatte ich schon eine Weile beobachtet. Ihre etwa vier Monate alte Tochter quietschte vergnügt vor sich hin, während sie mit einem Plüschtier spielte. »Du hast aber gute Laune, da wird sich der Arzt freuen!«, sagte die Frau zu ihrem Baby und lehnte sich entspannt zurück. Sie erntete einige freundlich grinsende Blicke der Anwesenden und begrüßte bald die zweite Mutter mit Baby in ähnlichem Alter – sie schienen einander flüchtig zu kennen. Die Hinzugekommene stöhnte und erzählte, wie anstrengend sie die ersten Wochen mit ihrem Kind erlebt hatte, es gäbe Probleme mit dem Stillen und wenig Schlaf, und sie habe sich das alles nicht so schlimm vorgestellt. »Ja? Bei mir überhaupt nicht! Stillen geht prima, der Alltag auch – alles bestens.« Unvorstellbar, dachte ich und spürte Neidgefühle in mir hochsteigen. Die Mutter des »glücklichen« Babys wirkte stark und selbstbewusst; ich fühlte mich niedergeschlagen und unsicher. Jana saß ruhig auf meinem Schoß, und es gab eigentlich keinen Grund, ängstlich zu sein – aber ich war es. Die letzten drei Monate hatten mein Selbstvertrauen erschüttert, ich lebte in einem Zustand ständiger Erwartung neuer Katastrophen, unzählige Zeitzünder erahnte ich in der Bombe Baby, meiner Tochter, deren Explosionen ich wie einen kriegerischen Angriff auf meine Seele empfand – trotz aller Liebe.

Lag es vielleicht doch an mir? War ich zu nervös? Machte ich mir zu viele Gedanken? Kurbelte ich ununterbrochen an den heißgelaufenen Mühlrädern unseres Nervensystems, so dass sich Ruhe gar nicht mehr einstellen konnte?

Immer wieder gab es länger anhaltende Schreipausen und gute Laune, und ebenso häufig begann ich, mich zu entspannen, in der Hoffnung, es möge endlich so bleiben. Ich wurde ruhig, aber meine Tochter reagierte auf diese Schwingungen nicht immer; Jana hatte ihren eigenen Rhythmus, sie war kein bloßes Nervenbündel, das sich von seiner Umwelt stets beeinflussen ließ. In meiner Tochter begegnete mir eine echte Persönlichkeit mit individuellem Charakter, einem starken Drang, sich zu verkünden, deren wache Augen die Umwelt zu erfassen suchten, energisch Wünsche und Bedürfnisse äußernd, indem sie schrie, wenn ihr danach war und so lange sie es für nötig befand.

Zurück ins Wartezimmer: Der Kinderarzt hatte viel zu tun, und die Zeit des Wartens dehnte sich aus. Jana war noch immer umgänglich. Unterdessen wandelte sich das Bild des fröhlich quietschenden Babys und seiner selbstbewussten Mutter. Das kleine Mädchen begann zu nörgeln, und ich sah, wie das Gesicht der Mutter ängstliche

Züge annahm. Das Kind war hungrig und müde geworden, sein Unbehagen hatte eine greifbare und leicht zu beantwortende Ursache: Obwohl es gestillt wurde, war die gute Laune verflogen. Ich war etwas verblüfft und stellte ernüchtert fest, dass nur die *blendende* Laune des Babys seine Mutter selbstbewusst erscheinen ließ, und malte mir aus, wie dieselbe Frau mit einem untröstlich weinenden Kind im Arm auf mich gewirkt hätte. Meine Neidgefühle schwanden, und ich erkannte zu meiner Stärkung, dass Angst und Unsicherheit in der Natur des Elterndaseins liegen mussten und offensichtlich eine Daseinsberechtigung haben.

Diese kleine Episode mag ein wenig veranschaulichen, wie abhängig unsere Sichtweise von dem jeweiligen subjektiven Empfinden ist. Körperliche Krankheiten haben zumeist wahrnehmbare Symptome, sie lassen sich in Kategorien ordnen, miteinander vergleichen und in Verbindung bringen, durch Röntgenaufnahmen oder Ultraschall sichtbar machen, hörbar über geräuschverstärkende Instrumente, analysierbar unter dem Mikroskop usw. Wie aber soll man die Ängstlichkeit einer Mutter messen und mit ähnlichen Gefühlen anderer Mütter vergleichen? Wie können Empfindungen statistisch erfasst und ausgewertet werden?

Es gibt tatsächlich Studien, in denen Zusammenhänge mütterlicher Gefühle und anderer persönlicher Faktoren mit dem übermäßigen Schreien von Babys untersucht wurden. Die Methoden und Aussagen unterscheiden sich voneinander und weisen zum Teil gegensätzliche Ergebnisse auf. W.B. Carey kommt auf Grund seiner Studie zu der Annahme, dass Koliken häufiger bei Babys »ängstlicher« Mütter auftreten, bemerkt aber, dass nicht alle »Kolik-Babys« ängstliche Mütter hätten und diese Faktoren alleine nicht immer ausschlaggebend seien. Die von Carey kritisierte Studie des Jack L. Paradise dagegen findet keine auffällige Beziehung zwischen mütterlichen Gefühlen und Koliken bei Babys:

Signifikante Kolik entwickelte sich bei 23% von 146 normalen Neugeborenen. Ihr Auftreten war ohne Beziehung zu den Einkommensverhältnissen der Familie, zum Alter der Mutter, Geburtsfolge, Geschlecht, Gewichtszunahme, Fütterungsart oder familiär auftretenden allergischen oder gastrointestinalen Störungen. Höhere Intelligenz und höherer Ausbildungsstand der Mütter schienen mit einem häufigeren als durchschnittlichen Auftreten der Kolik verbunden, vielleicht auf Grund der besseren Berichte oder geringerer Toleranz auf Seiten der Mütter. Das Auftreten von Kolik zeigte keine Beziehung zu emotionalen Faktoren der Mütter [...]. Die meisten Mütter von Kindern mit Kolik waren stabil, lebenslustig und feminin. Diese Feststellung [...] bestätigt nicht die häufig behauptete Ansicht, dass Kolik von einem ungünstigen emotionalen Klima herrührt, das von unerfahrenen, ängstlichen, feindseligen oder unmütterlichen Frauen geschaffen wird. Durch Aufklärung über diese Zusammenhänge können Ärzte Eltern vor unberechtigten Selbstbezichtigungen und Ängstlichkeit bewahren. (Paradise, 123)

Zu einer ähnlichen Schlussfolgerung wie Paradise kommt Benjamin A. Shaver, der in seiner Studie 57 Frauen ab dem zweiten Trimester ihrer Schwangerschaft bis sechs Monate nach der Geburt mit ihren Babys untersuchte. Die Mütter der »Kolik-Babys« wiesen keine statistisch bedeutenden Unterschiede in ihrer Persönlichkeit zu denen »kolikfreier« Babys auf. Das übermäßige Schreien beeinflusste jedoch die Beziehung zwischen Mutter und Kind. Am Ende der ersten drei Lebensmonate zeigten die Frauen sich weniger zuversichtlich und vertrauensvoll und hatten eher Schwierigkeiten, ihr Kind zu akzeptieren. Dieser Zustand der Unsicherheit wies keine Beständigkeit auf und war zwei Monate nach Abklingen der Unruhephase verschwunden.

Ronald S. Illingworth erwähnt in einem 1985 erschienenen Artikel, dass ihm und anderen Kinderärzten auf Grund klinischer Eindrücke keine charakteristischen Merkmale bei Müttern aufgefallen seien, deren Babys unter Koliken litten. Würde mütterliche Ängstlichkeit Koliken bei Babys verursachen, müsste man annehmen, dass Erstgeborene häufiger davon betroffen seien. Dies sei jedoch nicht der Fall, wofür es ausreichend Beweise gäbe. (Illingworth, »Infantile colic«, 981)

So hat sich z.B. in größeren Studien gezeigt, dass weder Jungen noch Erstgeborene mehr als Mädchen oder Spätergeborene schreien [...]. Allerdings suchen Mütter von Erstgeborenen häufiger, wahrscheinlich auf Grund geringer Erziehungserfahrung, Hilfe bei Ärzten als Mütter von zweitgeborenen oder spätergeborenen Kindern. (Wolke, 159)

Ein verbreitetes, aber unhaltbares Vorurteil, das heute noch immer ohne Zweifel in einigen Zeitschriften und Büchern für Eltern geäußert wird, behauptet, Mütter seien mangels Erfahrung unsicher im Umgang mit ihrem ersten Kind, so dass die daraus resultierende Nervosität sich auf das Baby übertrage, welches mit Koliken bzw. übermäßigem Schreien reagiere. Es fällt schwer, sich als Mutter eines einzigen Kindes gegen solche Beschuldigungen zu wehren, die schließlich in sich tragen, dass Frauen von mehreren Kindern bessere Mütter seien.

Das Verb »fühlen«, dessen Grundbedeutung wahrscheinlich »tasten« ist, wurde zunächst auf alle körperlichen, »im Deutschen seit dem 18. Jahrhundert auch auf seelische Empfindungen übertragen« (Dudenredaktion, 190). »Gefühl« meint demnach den »Tastsinn« sowie die »seelische Stimmung«. Fühlen bzw. Tasten ist also ein ganz natürlicher und notwendiger Vorgang, eine Voraussetzung, um als Einzelwesen die Umgebung zu erkunden und sich mit seinen Sinnen danach auszurichten – ein immer währendes Wechselspiel: Ein Neugeborenes ertastet mit seinen Lippen die Brustwarzen seiner Mutter, es riecht, hört, sieht und greift. Die Mutter tastet auf ihre Weise nach dem Baby. Beide beginnen, einander fühlend kennen zu lernen. Ein aufregendes und lebenswichtiges Abenteuer erlebt das kleine, noch völlig ausgelieferte

Wesen, und ebenso sensibel wird es jede Störung wahrnehmen und beantworten.

Es mag z.B. vorkommen, dass ein Baby sich bei der Unterhaltung mit seiner Mutter gestört fühlt und durch Schreien reagiert, weil es zu vielen Reizen ausgeliefert und überfordert ist. Hält die Störung an, steigert es sich in sein Schreien hinein. Vielleicht hat es Angst, den Kontakt zu verlieren? Vielleicht ist es einfach wütend, weil es so schön war? In einem solchen Fall können natürlich Spannungen in der Familie dazu beitragen, dass ein Baby schreit, ohne dass sich die Mutter überängstlich, nervös und unruhig verhalten hat. Auch freundlich gemeinte Besuche sind für manches Kind bereits so aufregend, dass es überreizt reagiert.

Während ein Erwachsener in der Lage ist, die unruhigen Umstände zu beeinflussen oder sich ihnen zu entziehen, drückt ein Baby sein Unbehagen durch Schreien und unkoordiniert wirkende Körperbewegungen aus. Es ist darauf angewiesen, dass seine Eltern oder andere Bezugspersonen sein Bedürfnis nach Ruhe erkennen und für dessen Erfüllung sorgen.

Was in der Theorie einfach klingt, ist nicht immer so leicht in die Praxis umzusetzen. Vielleicht sind die Großeltern enttäuscht, wenn sie nach Hause geschickt werden, obwohl sie stolz ihr Enkelkind zu bewundern gedachten. Oder die Wohnung bietet nicht genügend Platz für einen Rückzug. Ein sensibles und leicht irritierbares Baby erfordert unter Umständen, dass seine Familie mitsamt Angehörigen, Bekannten- und Freundeskreis lieb gewonnene Gewohnheiten und Bräuche aufgibt, die ihr bisher Halt bedeutet hatten und deren Fehlen zu weiterer Verunsicherung beiträgt. Niemand muss deshalb überängstlich oder psychisch gestört sein, wenn ihn solch einschneidende Veränderungen aus dem seelischen Gleichgewicht bringen.

Mit der Geburt eines Kindes, besonders wenn es das erste ist, tritt wohl für alle Eltern eine entscheidende Wende ein. Gedanken an ein Baby lassen sich noch beliebig herbeiholen, variieren und verdrängen. Ist das Kind aber einmal da, fordert uns seine unwiderrufliche Präsenz rund um die Uhr. Nicht nur das Neugeborene muss eine enorme Leistung vollbringen, sich außerhalb des Mutterleibes zurechtzufinden – auch seine Eltern durchleben in dieser Zeit einen Prozess der Neuorientierung.

Die ersten Wochen nach der Geburt sind [...] für die Mutter eine Phase physiologischer Erholungs- und Umstellungsprozesse und meist erhöhter physischer und psychischer Labilität.
Darüber hinaus befinden sich beide Eltern gegenüber ihrem Neugeborenen in einer nicht immer leichten Anpassungs- und Lernphase, in der sie sich mit seinen individuellen Eigenheiten, seinem Temperament, seinen spezifischen Bedürfnissen und Ausdrucksformen vertraut machen und etwaige Diskrepanzen zwischen dem erträumten Baby und der Wirklichkeit annehmen müssen. Auch wenn Unsicherheit, Versagensgefühle und Empfindlichkeit gegenüber Ratschlägen und erzieherischen Empfehlungen in dieser Zeit meist unterschwellig bleiben, können sie jedoch in ungünstigen Fällen auch überwiegen und die Entfaltung der intuitiven elterlichen Fähigkeiten hemmen, die einer natürlichen Unbefangenheit im Umgang mit dem Baby bedürfen und der Bereitschaft, sich uneingeschränkt auf seine kommunikativen Signale einzulassen. (Papou ek, »Beobachtungen«, 86)

Während der ersten Lebenstage meiner Tochter, die ich mit ihr noch im Krankenhaus verbrachte, hatte ich einige Gelegenheiten zu erfahren und beobachten, wie störanfällig die Kennenlernphase zwischen Mutter und Neugeborenem ist und wie leichtfertig Außenstehende sich in diese junge Beziehung einmischen. So wurde mir z.B. davon abgeraten, Jana auf meinen Bauch zu legen, da Infektionsgefahr bestünde. Klinikpersonal betrat zu den unterschiedlichsten Anlässen die Krankenzimmer, egal, ob gerade gestillt wurde oder eine Mutter zu schlafen versuchte. Kommentare von Kinderschwestern wie »Was? So wenig?«, nachdem das eben gestillte Baby gewogen wurde, trafen einige Mütter tief. Mit Blumensträußen »bewaffnet« stürmten Besucher die Zimmer der Wöchnerinnenstation. Manchmal fragte ich mich, ob die Bedürfnisse der Babys, deren Ankunft hier gefeiert wurde, überhaupt noch Platz hatten, erkannt zu werden.

Ich glaube, es ist für alle Eltern von großem Wert, wenn sie lernen, ihr seelisches Befinden ernst zu nehmen und anzuerkennen, dass Probleme im Umgang mit Kindern eine natürliche Voraussetzung sind, einander kennen zu lernen und gemeinsam zu wachsen. Gefühle lassen sich weder normen noch in vorgefertigte Musterbehälter stecken. Sie gehören zur Grundlage unseres Lebens und sind Bedingung körperlicher Existenz.

Dass mütterliche Ängstlichkeit und Nervosität Koliken bzw. übermäßiges Schreien verursachen würden, ist ein verbreiteter Glaube. Daraus resultierende Vorurteile, dass z.B. Erstgeborene häufiger von Koliken betroffen seien, konnten jedoch durch größere Studien widerlegt werden. Untersuchungen und Erfahrungen legen nahe, dass seelische Verunsicherungen eher Ergebnis als Ursache des übermäßigen Schreiens eines Babys sind. Dabei kommt es schnell zu einem Kreislauf zwischen kindlicher Unruhe und familiärem Stress, wobei die eigentlichen Schreiursachen immer mehr ins Dunkel geraten.

Seelische und zwischenmenschliche Spannungen erschweren die ohnehin belastete Verständigung zwischen Mutter (Eltern) und Kind. Ständige Alarmbereitschaft, gesteigerte Sensibilität und Verletzbarkeit tragen dazu bei, dass Mütter an ihren Fähigkeiten zweifeln und verlernen, intuitiv und spontan auf die Signale ihres Babys zu reagieren. (Selbst-)Beschuldigungen und auf Spekulationen bauende Verurteilungen durch Außenstehende führen deshalb zu einer Verschlimmerung des Unruhezustandes und sollten entsprechend vermieden werden.

Komplikationen, Risiken während Schwangerschaft und Geburt

Mütter, die eine problematische Schwangerschaft erlebt haben oder deren Babys mit Geburtskomplikationen zur Welt gekommen sind, fragen sich häufig, ob darin der Grund für das unstillbare Schreien ihres Neugeborenen zu vermuten sei. So geht die Entwicklungspsychologin Aletha J. Solter davon aus, dass frühe Traumata, wie sie etwa durch eine anstrengende oder schwierige Geburt entstehen, durch Weinen, Zittern und Gähnen verarbeitet werden können (Solter, 21). Das Weinen diene der »Entlastung« angestauter Spannungen. Eltern sollten ihr Baby zum Weinen ermutigen und ihm ihre volle Aufmerksamkeit und Nähe widmen, damit es die beängstigenden, teilweise lebensbedrohlichen Erfahrungen verarbeiten könne. Stressvolle »Geburten sind: Früh- oder Spätgeburten, Geburten unter Medikamenteneinfluss, Zangengeburten, Nabelschnurgeburten und die Erfahrung der Atmungsverzögerung. Nach der Geburt kann ein Säugling durch plötzliche Kälte, Helligkeit, Stille, grobe Behandlung, laute Geräusche oder die fehlende Mutternähe geängstigt werden« (Solter, 22).

Meine Tochter hatte die Nabelschnur zweimal um ihren Hals gewickelt, und der Zusammenhang zwischen Geburtstrauma und unstillbarem Schreien schien mir zunächst durchaus plausibel. Rückfragen bei Müttern, die sich infolge meines Aufrufes an mich gewandt hatten, ergaben jedoch keine auffällige Häufung von Geburtskomplikationen. Allerdings half diese neue Sichtweise einigen Eltern, das bis dahin unerklärliche Schreien anzunehmen, statt es mit allen möglichen Mitteln stillen zu wollen.

Tatsächlich haben Untersuchungen ergeben, dass schmerzhafte Geburtserlebnisse wie z.B. Zangen- oder Kaiserschnittgeburten

»in der zweiten Hälfte der ersten Lebenswoche zu objektiv vermehrtem Schreien« führten, »dies sich jedoch nicht in der Wahrnehmung der Eltern in der ersten Lebenswoche oder mit zwei Monaten widerspiegelte. [...] Nur Eltern von Kindern, die mehr als acht Wochen zu früh geboren wurden (extrem frühgeborene Kinder), berichteten über signifikant mehr Schreien als Eltern von leicht frühgeborenen oder reifgeborenen Kindern« (Wolke, 159-160). Scheinbar grundloses Schreien innerhalb der ersten Lebenstage oder -wochen könnte demnach auf extreme Belastungen des Säuglings vor oder während der Geburt zurückzuführen sein, nicht jedoch als Ursache für übermäßiges Schreien verantwortlich gemacht werden, das sich über mehrere Wochen oder Monate hinzieht.

Unabhängig von solchen Ergebnissen und allen damit verbundenen Zweifeln ist es grundsätzlich hilfreich, das Weinen eines Menschen als notwendig und entlastend zu begreifen, ob wir die Ursache für seine Verletzungen nun kennen oder nicht. Dabei liegt es nahe, dass extrem belastete Mütter auf das Schreien ihres Babys anders reagieren als solche, die eine ruhige und komplikationslose Geburt erlebt haben. Ist die Mutter-Kind-Beziehung durch Krankheit oder andere Komplikationen zusätzlich belastet, steigern sich die Verständigungsprobleme ins Unermessliche, was unter Umständen zu einer Verstärkung des übermäßigen Schreiens führen kann.

Mütter, deren Babys durch Kaiserschnitt oder mit Hilfe anderer Eingriffe geboren wurden, haben kaum Gelegenheit, seelische und körperliche Schmerzen zu verarbeiten, wenn ihr Baby schreit und sie immer wieder spüren lässt, dass es mehr will und braucht, als ihm seine Mutter bieten kann.

Die Tage nach der Kaiserschnittgeburt waren ein Kampf gegen meinen immensen Durst, meine Mattigkeit, die Schmerzen der Wunde und das Erwarten, die Milch möge endlich einschießen. Mein Baby war mir fremd. Andere Menschen versorgten es – ich war dazu nicht in der Lage. Fünf Tage nach der Geburt schoss die Milch ein. Einen Abend später kam der erste Schreianfall.

Bereits zwei Tage nach unserer Entlassung musste ich wegen starker Schmerzen und Schwellungen zu meiner Frauenärztin: Es war zu einer Wundinfektion gekommen. Die folgenden vier Wochen waren eine große Strapaze. Anfangs konnte ich nur liegen. Jeden Tag musste mich jemand in die Arztpraxis fahren, und mein Mann bekam nur einen Tag Urlaub. Es ging uns allen sehr schlecht, und unsere Tochter schrie und schrie und schrie. Wir trugen und schaukelten sie, sangen, tanzten und beteten, gingen spazieren, machten warme Wickel, gaben entblähende Tropfen usw. Aber Lisa schrie, laut und anhaltend. Sie war Stunden um Stunden wach. Einmal brachte sie es auf 16,5 Stunden am Stück! Ich erinnere mich noch genau, wie ich um Mitternacht mit Lisa im Hauseingang stand und überlegte, ob ich bei strömendem Regen spazieren gehen sollte. Als ich den Korb in den Kinderwagen stellte, verstummte sie endlich. Ich blickte durch das Milchglasfenster und hörte den Regen. In diesem Moment meinte ich, dem Wahnsinn nahe zu sein. *S.B.*

Eine Geburt ist wohl in jedem Fall ein einschneidendes Ereignis im Leben einer Frau, die zum ersten Mal oder erneut Mutter wird. Komplikationen und Probleme, die solche Erlebnisse prägen, lassen sich nicht nachträglich verbessern oder gar ungeschehen machen. Viele aufgeklärte (werdende) Eltern sind sich dessen bewusst und setzen Kraft und Lernfähigkeit dafür ein, ihr Kind möglichst sanft auf dieser Welt zu empfangen. Bis sie an ihre Grenzen stoßen.

Mütter, die nach der Geburt ihres Kindes körperlich stark beeinträchtigt sind, benötigen mehr als andere die Hilfe ihrer Mitmenschen. Dabei sollte es nicht darum gehen, die Mutter und ihre Fürsorge zu ersetzen, was nur eine zunehmende Entfremdung zwischen Mutter und Kind zur Folge hätte. Besser wäre eine

Stärkung und Unterstützung der Mutter, welche die wichtigste Bezugsperson für ihr Baby ist, so dass sie nicht mit zusätzlichen Schuldgefühlen belastet wird, wenn andere ihre Rolle zu übernehmen drohen.

Das Weinen eines Babys kann auch Ausdruck der Verarbeitung beängstigender und lebensbedrohlicher Erfahrungen während Schwangerschaft und/oder Geburt sein. Untersuchungen haben jedoch ergeben, dass schmerzhafte Geburtserlebnisse in der zweiten Hälfte der ersten Lebenswoche zwar zu objektiv vermehrtem Schreien führten, dies jedoch von den Eltern nicht als übermäßig wahrgenommen wurde. Nur Eltern von extrem frühgeborenen Kindern (mehr als acht Wochen zu früh) berichteten über deutlich »mehr Schreien als Eltern von leicht frühgeborenen oder reifgeborenen Kindern« (Wolke, 160).

Mütter, die durch Schwangerschafts- oder Geburtskomplikationen seelisch und körperlich beeinträchtigt sind, erleben Hilflosigkeit und Ohnmacht gegenüber ihrem schreienden Baby in besonderem Maß. Sie haben kaum Gelegenheit, ihre eigenen Schmerzen und Versagensängste zu verarbeiten. In diesem Sinne benötigen sie Zuspruch und Unterstützung bei der Versorgung ihres Kindes, ohne dass andere ihre Rolle als Mutter zu übernehmen drohen.

Schlafprobleme

Mütter von Babys, die übermäßig viel schreien, berichten häufig von einer chronischen Unruhe ihres Babys sowie Schlafproblemen, die entweder rund um die Uhr oder nur zu bestimmten Tages- oder Nachtzeiten auftreten. Es scheint, als schlafe es sehr oberflächlich und würde durch geringste Erschütterungen oder Geräusche geweckt.

Dass Schlaf ganz unterschiedliche Qualitäten haben kann, hat wohl jeder Erwachsene in seinem Leben erfahren. So sprechen wir von tiefem Schlaf, wenn ein ruhig Schlafender durch laute Geräusche und Rütteln seines Körpers nur schwer zu stören ist. Oberflächlicher Schlaf äußert sich dagegen in leichter Weckbarkeit und gelegentlicher motorischer Unruhe, unregelmäßiger Atmung und schnellen Bewegungen des Augapfels unter den Augenlidern, woher auch die Bezeichnung REM-Schlaf (Rapid Eye Movements) stammt. (Largo, 142)

Beim Neugeborenen sind der Schlaf und das Wachsein erst teilweise ausgebildet. Einen oberflächlichen und einen tiefen Schlaf können wir aber bereits beim neugeborenen Kind unterscheiden. Im REM-Schlaf bewegt sich der Säugling und atmet unregelmäßig. In seinem Gesicht sind häufig Zuckungen zu sehen, gelegentlich scheint er Grimassen zu schneiden. [...] Der oberflächliche REM-Schlaf ist beim Säugling weit ausgedehnter als beim älteren Kind und beim Erwachsenen.

Im tiefen oder Non-REM-Schlaf liegt das Kind ruhig da, bewegt sich nur selten und atmet regelmäßig. Sein Gesicht strahlt Ruhe aus, zeigt keine Zuckungen. (Largo, 142-143)

Während der Schlaf des Neugeborenen zu etwa 45 bis 50% aus REM-Schlaf besteht, macht er beim Erwachsenen nur ca. 15 bis 20% der Gesamtschlafdauer aus (Wolke, 169). In einer Nacht durchlaufen wir die verschiedenen Schlafstadien periodisch: Wir schlafen ein, befinden uns für kurze Zeit an der Oberfläche, sinken in die Tiefe, wo wir eine Zeit lang verweilen, und tauchen wieder an die Oberfläche; diese Phase wiederholt sich im Verlauf einer Nacht einige Male, wobei wir sogar für wenige Minuten aufwachen. Am Morgen können wir uns jedoch selten daran erinnern (Largo, 145).

Die Anteile und Zeiträume von REM- und Tiefschlafstadien sind im Verlaufe einer Nacht nicht immer gleich. Der Schlaf erreicht z.B. während der ersten Stunden (einer Nacht) tiefere Stadien, in der zweiten Hälfte des Nachtschlafs überwiegen die oberflächlichen Schlafstadien (Largo, 145). Mit zunehmendem Alter des Menschen verändern sich auch die Schlafzyklen:

Beim Säugling dauert ein Schlafzyklus etwa 50 Minuten. Er verlängert sich in den ersten Lebensjahren zunehmend und beträgt beim erwachsenen Menschen schließlich 90 bis 120 Minuten. [...]
Wegen der Kürze ihrer Schlafzyklen wachen Säuglinge in den ersten Lebenswochen etwa jede Stunde kurz auf. Nach drei bis vier Zyklen bleiben sie für längere Zeit wach. Bis zum dritten Lebensmonat werden die Schlaf- und Wachperioden differenzierter, erstrecken sich über längere Perioden und werden regelmäßiger. Dies sind die physiologischen Voraussetzungen, damit ein Kind nachts durchschlafen kann. Nach dem dritten Lebensmonat gleichen sich die Schlaf-Wach- Zyklen immer mehr denjenigen älterer Kinder und Erwachsener an. (Largo, 145-146)

Bei meiner Tochter konnte ich die verschiedenen Schlafstadien und -zyklen leicht beobachten. Ich stellte fest, dass sie nach 40 Minuten unruhig wurde und vor allem tagsüber auch aufwachte. Etwa fünf bis zehn Minuten nach dem Einschlafen sank sie in die Tiefschlafphase. Es passierte auch häufig, dass es ihr nicht gelang, in den Tiefschlaf zu fallen, sie wachte dann etwa zehn Minuten nach dem Einschlafen wieder auf. Besonders tagsüber und am Abend gab es deshalb Einschlafprobleme. Nur nachts konnte sie zwei bis drei Stunden durchschlafen. Mit zunehmendem Alter festigten sich die zunächst unregelmäßigen Rhythmen, und die nächtlichen Schlafphasen wurden länger. Zu Beginn ihres dritten Lebensmonats nahmen wir deutliche Fortschritte wahr. Nun kam es sogar vor, dass sie in der Nacht fünf Stunden durchschlief und die Zeiten des Erwachens immer regelmäßiger wiederkehrten. Es schien, als ob eine innere Uhr für die Schlafrhythmen verantwortlich sei, auf die wir nur begrenzt Einfluss nehmen konnten.

Schlafprobleme können von verschiedenen Faktoren beeinflusst und hervorgerufen werden, sind jedoch nicht ausschließlich von Umweltbedingungen abhängig. So gibt es z.b. ausgesprochene Frühaufsteher, die freiwillig aus dem Bett steigen, wenn die Sonne aufgeht, oder Langschläfer, die abends erst richtig munter werden. Durch Anpassung an soziale Umstände haben viele von uns vergessen oder nie erfahren, dass ihnen ein individueller biologischer Rhythmus innewohnt, der nicht notwendigerweise mit den Anforderungen ihrer Umwelt harmonieren muss.

Nur wenigen wohnt ein ausgeglichener Rhythmus zwischen Schlafen und Wachen inne, der fast genau nach 24 Stunden wiederkehrt. Die Mehrheit gehört zu den sog. Morgenmuffeln, für deren Rhythmus 24 Stunden nicht ausreichen. »Frühaufsteher« haben einen Rhythmus, der kürzer als 24 Stunden ist, so dass sie abends eher müde werden und entsprechend früher aufwachen. Da die Schlaf-Wach-Rhythmen nur ungefähr nach 24 Stunden wiederkehren und von Mensch zu Mensch variieren, spricht man von »zirkadianen« Rhythmen (aus dem Lateinischen: circa = ungefähr; dies = Tag) (Largo, 146).

Nicht nur der Schlaf, sondern sämtliche Körperfunktionen unterliegen zirkadianen Rhythmen. Das Herz schlägt in der Nacht nicht gleich rasch wie am Tag und morgens nicht gleich wie abends. [...] Das Wachstumshormon wird vor allem im Schlaf ausgeschüttet: Die Kinder wachsen im Schlaf.
Wenn die Kinder auf die Welt kommen, haben sie noch keine zirkadianen Rhythmen. Sie bauen sie während der ersten zwei Lebensjahre langsam auf. (Largo, 146)

Ebenso individuell wie der zirkadiane Rhythmus eines Menschen ist der Bedarf einer gewissen Schlafdauer. Während einige Menschen nur fünf oder sechs Stunden Schlaf benötigen, um zufrieden und ausgeruht ihr Wachstadium zu erleben, sind es bei anderen acht oder zehn Stunden. Bereits Neugeborene unterscheiden sich in ihrem Schlafbedürfnis. Es gibt Babys, die nur 14 Stunden Schlaf benötigen, aber auch solche, die 20 Stunden am Tag schlafen (Largo, 148).

Schlaf-Wach-Zyklen, zirkadiane Rhythmen und Schlafdauer sind vererbte Eigenschaften wie die Körpergröße oder die Augenfarbe. Sie sind von Mensch zu Mensch unterschiedlich ausgeprägt. (Largo, 150-151)

Die Ärztin, Forscherin und Gründerin der »Münchner Sprechstunde für Schreibabys«, Mechthild Papou ek, vermutet u.a. eine Unreife der *Schlaf-Wach-Regulation* als Ursache für Schlafstörungen und chronische Unruhe bei jungen Säuglingen, die häufig zu übermäßigem Schreien führen (John, 57). Ein Baby, das noch keinen eigenen Rhythmus zwischen Schlafen und Wachen gefunden hat, ist deshalb mehr als andere auf konsequentes Verhalten seiner Betreuungspersonen angewiesen. Ein klar strukturierter Tagesablauf, wiederkehrende Schlaf-, Spiel- und Fütterungszeiten können ihm helfen, sich in seiner Umwelt zu orientieren.

Schlafprobleme treiben viele betroffene Eltern in Zustände tiefer Verzweiflung, ihre Nerven scheinen durchflutet von Reizen, ohne dass ein »Blitzableiter« sie auffangen könnte. Obwohl ich nicht wusste, warum meine Tochter so unruhig war, versuchte ich mir immer wieder vorzustellen, dass sie ähnlich überreizt war wie ich und deshalb die besten Gründe hatte, zu schreien und schlecht zu schlafen. Aus dieser Vorstellung heraus sagte ich mir, dass ich Jana zunächst zu genügend Schlaf verhelfen müsse, um dem Teufelskreis zwischen Schreien, Übermüdung und Schreien langsam zu entrinnen. Ich hörte auf, mich zu wehren, trabte durch unser Schlafzimmer, ließ Jana auf meinem Bauch schlafen und lernte, in dieser Haltung selbst zu entspannen. Langsam und stetig fanden wir einen Weg, zur Ruhe zu kommen: eine enge Gasse zwischen hohen Türmen, ohne Abzweigungen, voller Steine und Hindernisse. »Maria durch ein' Dornwald ging ... sie trug ein Kind unter ihrem Herzen« – dieses Lied ging mir noch nie so nahe wie in dieser Zeit, und ich hatte den Eindruck, als verstünde ich seine Aussage zum ersten Mal wirklich.

> Übermäßig schreiende Säuglinge leiden häufig unter Ein- und Durchschlafproblemen. In einem Kreislauf zwischen Schlafmangel und Schreien vor Übermüdung haben wiederkehrende Schlaf-Wach-Rhythmen nur schwer Gelegenheit, sich auszubilden. Ursache kann eine Unreife der Schlaf-Wach-Regulation sein, wobei ein klar strukturierter Tagesablauf mit wiederkehrenden Schlaf-, Spiel- und Fütterungszeiten empfohlen wird, an dem sich das Baby orientieren kann.

Neurologische Störungen

Ähnlich vieldeutig und missverstanden wie der Begriff Dreimonatskolik erschien mir die Anwendung der Bezeichnung »hyperaktiv«, die ja im Grunde nichts anderes meint als ein die Norm übersteigendes Maß an Aktivität.

Kleine Kinder haben naturgemäß einen starken Drang, ihre Umgebung zu erkunden, sie sitzen selten still und möchten begreifen, was sie sehen, hören, riechen und schmecken. Die Bezeichnung »hyperaktiv« meint jedoch nicht den natürlichen Bewegungsdrang eines Kleinkindes, sondern eine Tendenz zu übermäßiger Ruhelosigkeit und Impulsivität, die dem Kind, aber auch seinen Mitmenschen eher zum Hindernis wird, als dass es sein Lernbedürfnis befriedigt. Aufmerksamkeitsstörungen sind häufig eine Begleiterscheinung von Hyperaktivität, das Kind hat Schwierigkeiten, sich zu konzentrieren und lässt sich leicht ablenken.

Neben der Bezeichnung *Hyperaktivität* sind auch zwei andere Begriffe in Gebrauch: *Hyperkinetisches Syndrom* (HKS) und *minimale cerebrale Dysfunktion* (MCD). Während *Hyperaktivität* einen übermäßigen Drang zur *Tätigkeit* meint, steht der Ausdruck *Hyperkinesie* für einen übermäßigen Drang zur Bewegung. (Schweizer/Prekop, 11)

Kinder, die unter dem *hyperkinetischen Syndrom* leiden, bewegen sich meist ziellos, sie führen ihre Aktivitäten aus, ohne innezuhalten und über ihr Tun nachzudenken. Ihre Bewegungen wirken unwillkürlich, so als liefen sie automatisch ab. Es scheint, als hätten sie zu viel Energie getankt, für die es kein passendes Ventil gibt.

Etwas eindeutiger lässt sich die Bedeutung der sog. *minimalen cerebralen Dysfunktion* beschreiben, worunter eine »Ausreifungsstörung des kindlichen Gehirns« verstanden wird, »die sich darin zeigt, dass die für bestimmte Fähigkeiten verantwortlichen Hirnzellenverbände nicht altersgerecht heranreifen« (Schweizer/Prekop, 9).

Eltern von unruhigen Säuglingen sollten nicht voreilig zu dem Schluss kommen, ihr Kind leide unter einer Ausreifungsstörung seines Gehirns, weil es viel schreit, schlecht schläft, unzufrieden und mehr als andere in Bewegung ist. Die Hyperaktivität und damit verbundene Ruhelosigkeit ist nur Ausdruck einer Störung, deren Ursache vielfältiger Natur sein kann und nicht immer bekannt ist, so dass Symptome der Unruhe nicht gleichzeitig auf das »Störungsbild« der minimalen cerebralen Dysfunktion hinweisen müssen. Verhaltensauffälligkeiten, wie sie im Folgenden von einer Mutter geschildert werden, unterscheiden sich meist deutlich von Symptomen, die in Verbindung mit der Diagnose »Dreimonatskoliken« gestellt werden.

Schon während der Schwangerschaft hat sich Daniel sehr früh und viel bewegt. Als er zur Welt kam, waren zwei Knoten in der Nabelschnur, was nach Aussage des Arztes selten vorkommt.

Nach den ersten sechs Lebenswochen begann Daniel, viel zu weinen, er war ständig in Bewegung und äußerst unruhig. Er konnte sehr früh krabbeln. Zu laufen begann er auf den Knien, während die Füße in der Luft hingen. Nach einiger Zeit zog er sich an Möbeln hoch, stand aber nur auf den Zehenballen. Daniel machte alles kaputt und schmiss damit. Ich konnte ihn auch nicht lange auf dem Arm oder Schoß halten, ganz zu schweigen mit ihm schmusen, da er ständig in Bewegung war.

Eine Krankengymnastin riet mir, Daniel beim Kinderneurologischen Zentrum vorzustellen, aber der Kinderarzt meinte: »Was wollen Sie da? Ihr Kind ist doch kein Idiot!« Er sei normal, nur etwas unruhiger als andere. Ich bestand jedoch darauf, bekam aber erst sechs Monate später einen Termin. Dort bekam ich einen Gürtel, mit dem ich Daniel im Bett festschnallen sollte, womit er besser schlief. Aber die Tage blieben grauenhaft. Erst als wir einen Familienpsychologen aufsuchten, erfuhren wir, was meinem Sohn fehlte. Wir bekamen einen Platz im Ergotherapie-Zentrum, kauften eine Hängematte, ein Trampolin, eine Sprossenwand und taten alles, was meinem Sohn weiterhalf. Ich war glücklich, da sich auch das Familienleben wieder normalisierte, und schloss mich einer Selbsthilfegruppe an. *C.S.*

In Verbindung, aber auch unabhängig von Hyperaktivität und Hyperkinesie kann es außerdem zu Bewegungsstörungen oder Fehlhaltungen kommen, die darauf hinweisen, dass die Ursachen möglicherweise neurologisch bedingt sind. Bewegungsstörungen müssen jedoch nicht unbedingt auch Ursache für die Schrei- und Schlafprobleme sein. In einigen Fällen kommen sie erschwerend hinzu, in anderen sind sie ein Hinweis unter weiteren für mögliche neurologische Störungen. Wie bei allen Symptomen darf nicht vorschnell gefolgert werden, sie seien »an allem schuld«, vor allem, wenn die Schlafprobleme nach erfolgreicher krankengymnastischer Behandlung noch lange Zeit auftreten.

Dass die zunehmende Mobilität eines Babys zur Besserung der gespannten Situation führt, wird vielen hilfesuchenden Eltern prophezeit. Tatsächlich nehmen die Möglichkeiten mit dem Älterwerden zu, einem quengelnden, unruhigen Kind Lösungswege für gestaute Energien anzubieten, und vielleicht hat es sogar Spaß am Turnen oder speziellen Gymnastikübungen. Es sollte wie vieles andere aber nicht als Allheilmittel in Betracht gezogen werden. Krankengymnastik und Babyturnen sind kein Sport, wie er von Erwachsenen als Fitnesstraining zur Gesunderhaltung ihres Körpers betrieben wird – man kann einem Baby nicht vermitteln, dass es aus eigenem Antrieb bestimmte Bewegungen ausübt. Vertrauen Sie deshalb in erster Linie auf die Signale Ihres Babys, und zwingen Sie es nicht entgegen Ihrer inneren Stimme zu Übungen, die mit Ihrem Herzen unvereinbar sind.

Ähnlich vieldeutig wie der Begriff Dreimonatskolik führt die Bezeichnung Hyperaktivität häufig zu Missverständnissen; sie ist im Zusammenhang mit unruhigen, übermäßig schreienden Säuglingen eher unangebracht. Von *Hyperaktivität* wird vor allem in Verbindung mit Aufmerksamkeits- und Bewegungsstörungen gesprochen, wobei ein übermäßiger Drang zur Bewegung im Vordergrund steht, während *Hyperkinesie* einen übermäßigen Drang zur Tätigkeit meint. Liegt die Ursache in einer Ausreifungsstörung des kindlichen Gehirns, wird die Bezeichnung *minimale cerebrale Dysfunktion* verwendet.

Umwelterkrankungen

Dass unsere Gesundheit heute durch Umweltverschmutzung bedroht ist, bedarf keiner weiteren Ausführungen. So liegt es nahe zu überlegen, ob das so wenig ergründete übermäßige Schreien bzw. die sog. Dreimonatskoliken bei Säuglingen nicht möglicherweise Ergebnis zunehmender Vergiftungen durch die Umwelt sind. Wäre es tatsächlich so, müssten Erscheinungen wie die des übermäßig schreienden Säuglings während der letzten Jahrzehnte deutlich zugenommen haben.

»Ich habe fünf Kinder großgezogen, und keines davon hatte Koliken. Zu unserer Zeit gab es so was nicht!«, sagte ein Vater zu mir, dessen Kinder heute erwachsen sind. Inzwischen hatte ich mich belesen und konnte ihm antworten, dass bereits vor mehr als zweihundert Jahren von unruhigen Säuglingen berichtet wurde (Foerster) und es daher keineswegs eine neue Problematik sei. Möglicherweise gehen die Menschen heute nur ein wenig aufgeschlossener mit den Schwierigkeiten ihrer Kinder um, so dass Nichtbetroffene überhaupt davon erfahren. Zudem geraten alte Sichtweisen ins Wanken, nach denen ein schreiender Säugling als normal und gesund galt, weil er fähig war, seine Lebenskraft laut und eindringlich zu verkünden.

Im gleichen Zuge, wie in der Bevölkerung Wünsche nach natürlicher Geburt, engerem Kontakt zwischen Mutter und Kind, Rooming-in, vermehrtem Stillen, Füttern nach Bedarf und deutlicherer Einbeziehung des Vaters laut wurden, scheint die Empfindlichkeit gegenüber dem Schreien angewachsen zu sein. Zunehmend wird der Umgang mit dem schreienden Baby als Problem erlebt und in Beratungsstellen und ärztlichen Sprechstunden als solches erkannt und behandelt. [...] Es lässt sich heute mangels entsprechender Studien nur darüber spekulieren, ob das Schreien der Säuglinge zugenommen hat, ob die Belastbarkeit der Eltern gesunken ist oder ob sich die Einstellungen der Eltern geändert haben. (Papou ek, »Psychobiologische«, 517)

Erfahrungen, neue Erkenntnisse und Beobachtungen sowie die unumgängliche Weiterentwicklung im Umgang damit lassen Probleme wie die des übermäßig schreienden Säuglings immer wieder in anderem Licht erscheinen:

Die Wissenschaft des 20. Jahrhunderts war allen Ernstes der Ansicht, das Schreien von Babys sei ein »zufälliges« Geräusch, ihr Lächeln inhaltslos und ihre Weise, Schmerz auszudrücken, einfach ein »Reflex«. [...] Die neu entdeckte Wahrheit ist, dass neugeborene Babys im Besitz aller Sinneskräfte sind und diese genauso gebrauchen wie der Rest der Menschheit. Ihre Schmerzensschreie sind echt. Babys sind nicht gefühllos; wir waren gefühllos. (Chamberlain, 13-14)

Wer einmal begonnen hat, sich der zahlreichen Giftquellen seiner Umwelt bewusst zu werden, wird immer wieder aufs Neue verunsichert. Spekulationen über bisher unerkannte Ursachen verschiedener Krankheitssymptome verlocken zu unermüdlichen Detektivarbeiten, die ohne erfahrenen Beistand selten zur erhofften Lösung führen. Natürlich wird fast jeder von uns Stoffe in seinem Körper, in seiner Nahrung, seiner Wohnung usw. ausfindig machen können, die als gesundheitsschädigend gelten. Ob Reinigungsmittel, PVC-Böden oder Gemüse, die auf pestizidverseuchten Äckern angebaut wurden – wer hat schon die Möglichkeit, dem allen wirklich aus dem Wege zu gehen?

Eltern eines übermäßig schreienden Säuglings, deren Haushalt nur mit großer Mühe funktioniert, die unter Schlafmangel leiden und überreizt sind, sollten deshalb behutsam mit ihren Vermutungen umgehen und nicht in Panik geraten, wenn sie ernsthaft glauben, ihr Baby leide unter Vergiftungserscheinungen. Zwar kann ihnen niemand sofort versichern, dass ihre Annahmen nicht zutreffend sind. Andererseits sollten sie sich vor Augen führen, dass unzählige Kinder von Amalgamträgerinnen, in luftverpesteten Stadt- und Industriegebieten ... keine Schrei-Babys sind. Es gibt Mütter, die sich gesund und ausgewogen ernähren, nicht rauchen, keinen Alkohol trinken, auf dem Land leben, ihre Wohnung mit naturbelassenen Möbeln und Holzfußböden ausstatten ... und deren Babys dennoch unruhig sind und mehr als andere schreien.

Natürlich sollten alle Eltern bemüht sein, ihr Kind möglichst wenig mit schädlichen Giftstoffen in Berührung zu bringen, ob es nun viel schreit oder nicht. Wer Gewissheit darüber haben möchte, ob die Unruhe seines Babys als Symptom einer umweltbedingten Vergiftung in Frage kommt, sollte entsprechende Hilfe, in diesem Fall einen dafür ausgebildeten Umweltmediziner, hinzuziehen. Adressen von weiterführenden Organisationen finden Sie im Anhang.

Da bisher keine eindeutigen Ursachen für übermäßiges Schreien bzw. Koliken nachgewiesen wurden, bietet sich die Vermutung an, dass es sich um eine Umwelterkrankung handeln könnte. Mangels ausreichender vergleichender und kontrollierter Studien bleibt es jedoch überwiegend bei Spekulationen. Unabhängig davon sollten natürlich alle Eltern bemüht sein, ihre Kinder möglichst wenig mit Umweltgiften in Berührung zu bringen.

Wettereinflüsse

Ohne wissenschaftlich gesicherte Daten und statistische Berechnungen nachzuvollziehen, kann wahrscheinlich jeder einzelne Mensch beobachten, dass er auf das Wetter mehr oder weniger reagiert. Bei wolkenbedecktem Himmel, Dauerregen, stürmischen Winden und kühlen Temperaturen erreicht nicht selten auch das seelische Befinden einen Tiefpunkt. Dagegen fördern Sonnenschein, Schönwetterwolken und sommerliche Wärme die »Hochstimmung« der Gefühle.

Nicht jeder Mensch reagiert auf die gleiche Weise, und es gibt solche, die besonders sensibel wahrnehmen und spüren, wenn das Wetter umschlägt; ihre wetterbezogene Sensibilität wird auch *Wetterfühligkeit* genannt und äußert sich z.B. durch Unwohlsein, Schlafstörungen, Kopfschmerzen oder Blutdruckbeschwerden. (Trenkle, 17)

In einer Einzelfallstudie konnte die Medizinerin Mechthild Papou ek den Einfluss von Witterungsfaktoren auf die Reizbarkeit und Schreibereitschaft eines Säuglings beobachten:

Bei allen Vorbehalten gegenüber der Generalisierbarkeit einer Einzelfallstudie weist die Analyse dieses Falles auf eine Wetterempfindlichkeit des Säuglings hin. Sie zeigt sich in vorübergehender äußerer Desynchronisation des Schlaf-Wach-Zyklus, Einschlafstörungen, Störungen von Schlafdauer und Schlafqualität, beeinträchtigtem Wachbefinden und erhöhter Schreibereitschaft. [...]

Auch wenn das Ausmaß der witterungsbedingten Auswirkungen auf den kindlichen Organismus im Vergleich zu anderen Noxen gering sein mag, so werden sie u.U. potenziert durch entsprechende Wetterfühligkeit und erhöhte witterungsbedingte Reizbarkeit auf Seiten der Mutter. Sie sollten daher nicht vernachlässigt werden. (Papou ek, »Beobachtungen«, 89)

Ohne dass ich präzise Aufzeichnungen über das Schrei- und Schlafverhalten meiner Tochter in Bezug auf die Witterungsbedingungen vorweisen könnte, ist mir doch einige Male aufgefallen, dass ein bevorstehendes Gewitter zu einer starken Zunahme des Schreiens beigetragen hatte. Auch heute noch, nachdem die »unstillbaren Schreiphasen« lange hinter uns liegen, beobachte ich häufig eine gesteigerte Reizanfälligkeit vor und während eines Wetterumschwungs. Es gibt Tage, da höre ich aus allen Ecken der Nachbarschaft Kindergeschrei, und auf der Straße nehme ich mit Schrecken wiederholt waghalsige Überholmanöver unvorsichtiger Autofahrer wahr.

Die Wetterfühligkeit bei Säuglingen scheint tatsächlich ein bisher vernachlässigtes Phänomen zu sein, welches möglicherweise in einigen Fällen dazu beiträgt, dass Babys schlecht gelaunt sind, unter Schlafstörungen leiden und untröstlich viel schreien – ein erwähnenswerter Aspekt, der im Zusammenhang mit den bisher ungeklärten Ursachen des übermäßig schreienden Säuglings berücksichtigt werden sollte.

Einzelbeobachtungen und Erfahrungen im Umgang mit Babys lassen einen gewissen Zusammenhang zwischen erhöhter Schreibereitschaft und andauernden Wetterumschwüngen erkennen. Wetterfühligkeit sollte bei unruhigen, übermäßig schreienden Säuglingen als zusätzliche Komponente durchaus berücksichtigt werden.

Mit einem »Schrei-Baby« umgehen

Die Auseinandersetzung mit einem untröstlich weinenden Baby fordert den ganzen Menschen mit seinem sozialen Umfeld. Individuelle Erfahrungen, familiäre Prägungen und Charaktere müssen in allen nur denkbaren Zusammenhängen berücksichtigt werden. Auf all das in einem Buch einzugehen ist unmöglich. Ebenso wenig wird es einem praktizierenden Arzt gelingen, mit schnellen Erklärungen und Rezepten zur Lösung solch »ganzheitlich« bedingter Konflikte beizutragen.

Es ist ein mühsamer Weg herauszufinden, was dem eigenen Baby hilft, mit seinem unergründlichen Kummer fertig zu werden. Immer wieder wird es Momente geben, da die Eltern glauben, es würde ewig so weitergehen und ihre unzähligen Bemühungen seien nutzlos und ohne Erfolg. Sie werden Gefühle erleben, die ihnen bis dahin verborgen geblieben sind. Die Existenz, die so sicher schien, untermauert durch ein regelmäßiges Einkommen, eine Wohnung oder ein Haus, eingebettet in ein soziales Netz von Freunden, Bekannten und Kollegen, droht plötzlich zu zerfallen. Nun geht es nicht mehr nur darum, ein unermüdlich schreiendes Baby zu trösten, sondern um ein ständiges Ringen mit tief greifenden seelischen und materiell bedingten Ängsten. Bisher alltägliche und leicht zu bewältigende Aufgaben werden zu schwer überwindbaren Hürden. Der Mutter und Hausfrau gelingt es nur noch mit Mühe, Lebensmittel zu besorgen oder die Wohnung in Ordnung zu halten, der berufstätige Vater findet keinen Schlaf und fürchtet um seine Arbeitsfähigkeit. Freunde zeigen sich verständnislos und ziehen sich zurück, statt angemessene Hilfe zu leisten. Die tägliche Körperpflege wandelt sich zu einer Luxusangelegenheit – Zähneputzen und Nahrungsaufnahme erscheinen nebensächlich, wenn das Baby aus vollem Halse schreit und seine Eltern spüren, dass es ohne Umwege Hilfe braucht.

»Wenn wir wenigstens wüssten, wie lange es noch dauert, dann könnten wir uns auf das Ende einstellen und besser durchhalten«, meinen viele ratlose Mütter. »Da hilft nichts, da müssen Sie einfach durch!«, bekommen sie u.a. zu hören, als sei das Schreien ihres Babys ein unausweichlicher Schicksalsschlag. Dem entgegen klammern sich nervlich zerrissene Eltern gerne an vielversprechende Erfolgsmeldungen, in der Hoffnung, auch bei ihrem Kind würden die Schreianfälle von einem auf den anderen Tag verschwinden, wenn sie es z.B. mit homöopathischen Kügelchen versorgten oder irgendeine in anderen Fällen heilsame Methode anwendeten. Doch selbst eine Mutter von zwei »Schrei-Babys« weiß von Unterschieden zu berichten: Während sich das erste Kind durch gemütliches Herumtragen in den Schlaf wiegen ließ, braucht das zweite schnelle und kräftige Bewegungen, um sich einigermaßen zu beruhigen. Was dem einen hilft, bringt das andere nur noch mehr in Rage usw.

Zweifellos wird von den gestressten Eltern eines ganz besonders gefordert: Experimentierbereitschaft, verbunden mit Beobachtungsgabe, Sensibilität und einem hohen Maß an Aufmerksamkeit für die Sprache ihres ganz speziellen Babys – eine schwer zu bewältigende Aufgabe, für deren Erfüllung es oft an Übung und Erfahrung fehlt.

Aber auch konkrete Hilfestellungen können im Folgenden angeboten werden. Sie sollen den Betroffenen dienen, Mittel und

Wege zu finden, die ihrer Eigenart und Lebensweise am meisten entsprechen. Niemand sollte sich genötigt fühlen, alles auszuprobieren oder mit einem schlechten Gewissen etwas auszulassen. Es gibt kein perfektes, allzeit richtiges Verhalten! In manchen Fällen wird vielleicht rasche Besserung durch einfache Mittel bewirkt, in anderen trotz aller angewandten Beruhigungsmethoden keine offensichtliche Veränderung eintreten.

Es gibt keine einfachen und auf alle Probleme übertragbaren Patentrezepte im Umgang mit übermäßig schreienden Säuglingen. Die Auseinandersetzung mit einem Schrei-Baby fordert den ganzen Menschen mitsamt individueller Erfahrungen und Eigenheiten. Eine wichtige Grundlage bilden dabei Experimentierbereitschaft, Beobachtungsgabe, Sensibilität und ein hohes Maß an Aufmerksamkeit für die Sprache des Babys. Aus einem Angebot konkreter Hilfestellungen können Sie auswählen, was Ihrer Eigenart und Lebensweise am meisten entspricht.

Besuch beim Kinderarzt

Bei anhaltenden Schrei- und Schlafproblemen gehen viele Eltern zu ihrem Kinderarzt, nachdem sie vielleicht eine Hebamme oder andere mit der Säuglingspflege Beschäftigte um Rat gefragt haben. Unvoreingenommen und im festen Glauben an die Fähigkeiten studierter und praktizierender Mediziner erhoffen sie sich fachkundige Hilfe und einfühlsamen Beistand.

Ich werde unseren ersten Besuch beim Kinderarzt nicht vergessen, von dem ich enttäuscht, mit Tränen im Hals zurückkehrte.

Unser Anliegen wurde kaum beachtet, stattdessen untersuchte der junge Mann meine fast ununterbrochen schreiende Tochter im Sinne einer Vorsorgeuntersuchung und präsentierte uns stolz seine neuen Computer und Ultraschallgeräte, mit deren Hilfe er eine angeblich mangelhaft herangereifte Hüfte zu entdecken meinte. Für die »Koliken« verschrieb er uns Tropfen und Fieberzäpfchen mit dem Kommentar: »Keine Angst vor Chemie!« Das Schreien unseres Babys schien den Kinderarzt überhaupt nicht zu beeindrucken. Ich dagegen konnte seinen Worten kaum folgen, alle meine Sinne waren auf Jana und ihre Hilferufe gerichtet, es war kein Platz mehr, um Fragen zu stellen oder Zweifel zu äußern.

Nun soll die Schilderung schlechter Erfahrungen nicht als Abschreckung dienen, sondern die Betroffenen aufklären, um sie für den trotz allem wichtigen Arztbesuch vorzubereiten. Einige Tipps könnten dabei helfen, den richtigen Kinderarzt ausfindig zu machen und sich auch bei einem weniger kompetenten Mediziner sicher zu verhalten.

1. Notieren Sie in Stichpunkten, welche Beschwerden Sie bei Ihrem Baby beobachtet haben: Hat es Fieber? Durchfall? Verstopfung? Erbricht es häufig seine Mahlzeiten? Nimmt es an Gewicht ab? Sind Ihnen irgendwelche abweichenden Bewegungen oder Körperhaltungen aufgefallen? Hautausschläge, Schwellungen? Beschreiben Sie auch die Beschaffenheit und Häufigkeit seines Stuhlgangs, z.B.: dreimal am Tag, breiig, gelbgrünlich.

2. Führen Sie ein Schrei- und Schlafprotokoll (siehe folgenden Abschnitt): Wie oft und zu welchen Zeiten schreit Ihr Baby? Hängt es mit der Fütterung zusammen, z.B. jeweils nach den (Still-)Mahlzeiten? Wann und wie lange schläft es? Wie schläft es ein? Muss es immer oder nur tagsüber getragen werden?

3. Notieren Sie Fragen, auf die der Arzt eingehen soll.

Wenn es sich irgendwie einrichten lässt, suchen Sie sich eine Begleitung für den Besuch beim Kinderarzt, so dass sich jeweils eine Person um das (schreiende) Baby kümmern kann. Nehmen Sie Hilfsmittel wie Schnuller oder Teeflasche für Ihr Kind mit, und scheuen Sie sich nicht, ihm diese während der Untersuchung zu geben. Ein aufgeschlossener Kinderarzt wird wie Sie dadurch entlastet, wenn das Baby nicht ununterbrochen schreit, und Ihre Mitarbeit zu schätzen wissen.

Haben Sie die Wahl zwischen mehreren Kinderärzten, so könnte es von Nutzen sein, bereits telefonisch anzufragen, ob in seiner Praxis das Problem des übermäßig schreienden Säuglings bzw. der »Dreimonatskoliken« ernst genommen wird. Möglicherweise merken Sie schon an dem Verhalten der Sprechstundenhilfe, wie geläufig ihr die Problematik ist und ob sie inhaltlich darauf eingeht bzw. abblockt. Fühlen Sie sich zu schwach und angreifbar, lassen Sie solche Erkundigungstelefonate von einer weniger beteiligten Person durchführen. Bei der Terminabsprache sollten Sie Rücksicht auf den Rhythmus Ihres Babys nehmen, um zusätzlichen Stress zu vermeiden, sofern es sich nicht um einen Notfall handelt.

Wenn Sie ein Auto besitzen und die Fahrten beruhigend auf Ihr Baby wirken, wäre es möglicherweise sinnvoll, einen weiteren Weg in Kauf zu nehmen. Haben Sie ein gutes Vertrauensverhältnis zu Ihrem Hausarzt, könnten Sie diesen zunächst um Rat fragen. Es gibt unter Allgemeinmedizinern häufig auch solche, die sich auf Kinderkrankheiten spezialisiert haben. Vielleicht erfahren Sie über Ihre Hebamme, Säuglingsschwester oder Stillberaterin bzw. in einer Stillgruppe, welcher Kinderarzt sich für Ihr Problem besonders eignet.

Geht der von Ihnen aufgesuchte Arzt zu wenig auf Ihre Fragen ein, verläuft die Untersuchung oberflächlich und schnell, liegt der Schwerpunkt der Behandlung auf einer Verschreibung von Medi-

kamenten, fühlen Sie sich missverstanden oder gar gedemütigt ...
sollten Sie sich nicht scheuen, den Arzt nach Möglichkeit wechseln.

> Um Krankheiten oder Fehlbildungen als Ursache für das übermäßige
> Schreien Ihres Babys ausschließen zu können, wird zunächst der Besuch
> eines Kinderarztes empfohlen. Wenn es sich einrichten lässt, suchen Sie
> sich eine Begleitung, so dass sich jeweils eine Person dem (schreienden)
> Kind bzw. den Ausführungen des Arztes widmen kann. Dabei sind Notizen
> über das Schlaf- und Schreiverhalten Ihres Babys eine nützliche Hilfe.
> Notieren Sie auch auffällige Beobachtungen und Fragen, deren Erwähnung
> in einer knapp bemessenen Sprechstundenzeit sonst schnell in Vergessenheit gerät.

Entwicklung wiederkehrender Rhythmen mit Hilfe von Tagebuchaufzeichnungen

Mit der Geburt und den darauf folgenden ersten Lebenswochen beginnt für alle Eltern ein neuer Abschnitt, in dem grundlegende Veränderungen das Erleben bestimmen und die Zeit anders als zuvor empfunden wird. Bisher eingeübte und gewohnte Routinetätigkeiten müssen im Einklang mit den Bedürfnissen des Babys neu organisiert werden. In einem Zustand ständiger Erregung und pausenlosen Gefordertseins gelingt es immer weniger, einen wiederkehrenden Rhythmus aufzubauen, der den Eltern sowie ihrem Kind Halt und Geborgenheit vermittelt. Mögen z.B. die

Anforderungen eines Tages für eine Mutter noch so anstrengend sein, kann bereits die Gewissheit helfen, dass zu einer bestimmten Zeit Tee getrunken wird und der Vater oder jemand aus der Verwandtschaft für eine Stunde die Betreuung des Babys übernimmt. Gibt es sogar mehrere Etappen und Ziele an einem Tag, verliert die durch das Leiden empfundene Endlosigkeit an Druck; die Wiederkehr der Rhythmen wirkt Vertrauen erweckend wie das gleichmäßige Ticken einer großen Standuhr.

Ihr Baby, das ohnehin unter ständiger Unruhe leidet und unfähig ist, aus eigener Kraft abzuschalten, braucht Hilfe, um seinen Rhythmus zu entwickeln. Vielleicht scheint es unmöglich, eine gewisse Regelmäßigkeit im Tagesablauf Ihres Kindes zu entdecken, und Sie haben den Eindruck, als lebte es in einem völligen Chaos. Um diesen von Stress und Gereiztheit gefärbten Eindruck zu überprüfen, wäre es sinnvoll, über das Verhalten des Babys und Ihre damit verbundenen Antworten Buch zu führen.

In der Praxis hat sich die Anwendung eines speziell entwickelten Formulars (s.S. 196f.: Beispiel und Kopiervorlage) bewährt, das als Grundlage dient, um Informationen über Ihr Baby und sich selbst während einer 7-Tage-Periode zu notieren. Mit Hilfe solcher Aufzeichnungen werden Sie möglicherweise entdecken, dass Ihr Kind weniger schreit, als Sie angenommen haben, und dass es zu bestimmten Tages- bzw. Nachtzeiten besonders unruhig ist. Außerdem erfahren Sie, wie viel Ihr Baby insgesamt schläft, wie lang die Schlafphasen zu den entsprechenden Tages- bzw. Nachtzeiten sind und ob das Schlaf- und Schreiverhalten in Zusammenhang mit äußeren Ereignissen steht wie beispielsweise: Nach dem Baden war es besonders ruhig/lebhaft; Besuch der Großeltern bewirkte lang anhaltendes Schreien; Nachmittagsspaziergang im Park wirkte beruhigend usw.

Ich führte einige Tage lang Buch über das Schreien, um festzustellen, wann Flemming am meisten brüllte. Das war jedes Mal, wenn wir uns irgendwo aufhielten, wo viele Menschen auf engem Raum waren. Also haben wir das zunächst unterlassen. Dann schrie er besonders viel, wenn er morgens länger geschlafen hatte und wir noch Einkäufe machen oder zum Arzt mussten, denn dann wurde es ja hektisch.

Flemming meldete sich zwar alle vier Stunden zum Essen, aber die Uhrzeiten variierten. Nachdem er dann zwei Tage hintereinander um 7 Uhr wach geworden war, beschloss ich: Das ist seine »Frühstückszeit«. Wenn er ausnahmsweise um 6 Uhr aufwachte, bekam er nur etwas Tee. Erst gegen 7 Uhr wurde er gefüttert. Das klingt jetzt vielleicht hart, aber nach zwei Tagen ist Flemming nicht mehr vor 7 Uhr aufgewacht. Nach einer Woche hatten wir es geschafft, dass er bis 7 Uhr durchschlief. Und falls er doch mal früher wach wurde, halfen ein paar Streicheleinheiten beim Einschlafen. Alles musste immer nach dem gleichen Schema ablaufen. Dieser feste Tagesrhythmus hat Flemming und auch mir sehr geholfen. *C.K.*

Mit Hilfe von Tagebucheintragungen lassen sich einige wichtige Zusammenhänge entschlüsseln und aufzeigen. So ist es z.B. sehr schwierig, bei einem übermäßig schreienden Säugling herauszufinden, ob er Hunger hat. Vor allem stillende Mütter bieten ihrem Baby deshalb zunächst die Brust an, da sie glauben, es sei nicht satt geworden oder sie produzierten zu wenig Milch. Möglicherweise aber trägt die Stillhäufigkeit und Dauer zu einer Verschlimmerung der Unruhe bei. Es kann z.B. nur das Bedürfnis nach Nähe und Zuwendung sein, das durch das Saugen an der Brust befriedigt wird. Viele Babys schlafen auch während des Stillens ein, so dass nicht Hunger, sondern Müdigkeit Grund zum Schreien gewesen sein könnte. Stillende Mütter fühlen sich manchmal wie »Milchkühe«, die fast ihre gesamte Zeit damit verbringen, ihr Kind an der Brust saugen zu lassen. Eine Mutter sollte daher von sich aus Grenzen setzen und einen Rhythmus, der dennoch flexibel bleiben kann, entwickeln.

Der Kinderarzt Michael Rohr weist in diesem Zusammenhang darauf hin, dass Mahlzeiten eindeutig beendet werden sollten, »indem das Baby kurze Zeit in aufrechte Position gebracht wird, um nach Möglichkeit ein Bäuerchen zu machen«. Stillen bzw. Füttern als Einschlafhilfe zu nutzen sei in »vielerlei Hinsicht (körperlich und seelisch) ungünstig«. Während es für die ersten drei Lebensmonate natürlich wäre, dass ein Baby auch nachts gefüttert wird, sei im zweiten Vierteljahr »eigentlich jeder Säugling in der Lage, allmählich zu einem zuverlässigen Tag-Nacht-Rhythmus zu gelangen und schließlich auch durchzuschlafen« (Prekop, *Schlaf*, 117).

Wenn Ihr Baby an Gewicht zunimmt und seinem Alter gemäß wächst, brauchen Sie sich eigentlich keine Sorgen zu machen. Wichtiger ist, dass Sie zufrieden sind und Ihrem Kind nur so viel anbieten, wie Sie bereit sind zu geben. Möglicherweise finden Sie dabei heraus, dass Ihr Baby gar nicht so oft hungrig war, wie Sie angenommen hatten, sondern dass es nur den Wunsch hatte zu saugen und gehalten zu werden. Sie selbst können auch beobachten, ob es kräftig und zügig saugt oder ob es gemütlich und fast dösend nuckelt. All diese Unterschiede sollten Sie aufzeichnen.

Mir war z.B. aufgefallen, dass meine Tochter nachts und früh morgens sehr lange brauchte und manchmal eine halbe bis eine Stunde an meiner Brust saugte. Als ich sie schließlich zwei Tage lang vor und nach den Mahlzeiten wog, stellte ich fest, dass sie währenddessen weniger getrunken hatte als am Tage, wo sie oft nach 10 bis 20 Minuten von alleine aufhörte zu trinken. Ich war am Anfang nicht auf die Idee gekommen, dass sie einfach nur nuckeln wollte, da sie einen Schnuller und meinen Finger abgelehnt hatte. Als ich jedoch einmal völlig verzweifelt nach stundenlangen Schreiphasen den Schnuller an ihre Lippen hielt, saugte sie daran und nutzte ihn seitdem zur Selbstberuhigung.

Dr. Rohr: »Im Alter von null bis drei Monaten darf das Baby noch vollständig den Fütterungsrhythmus bestimmen, vorausgesetzt, wir halten einen Mindestabstand von zweieinhalb bis drei Stunden zwischen den Mahlzeiten ein. Bei Beachtung dieser Regel verlängern sich die Intervalle später ganz automatisch.

Bei drei bis sechs Monate alten Kindern gibt es auch eine hilfreiche ›Automatik‹: Wenn es gelingt, die Mahlzeit immer häufiger durch eine fröhliche Zwiesprache zwischen Mutter und Kind zu ergänzen und abzulösen, wenn es gelingt, innerhalb der Wachphase das Stillen bzw. die Flasche ziemlich an den Beginn und nicht etwa ans Ende zu setzen, wenn die Aufnahmefähigkeit bereits ab- und das Schlafbedürfnis zunimmt, dann werden Kind und Mutter spätestens mit dem fünften oder sechsten Monat einen erquickenden Schlaf genießen können. [...]

Unter Normalverhältnissen rate ich, die Abendmahlzeit mit fünf bis spätestens sechs Monaten auf einen Brei umzustellen, danach auf keinen Fall nochmals anzulegen oder die Flasche zu reichen. Wenn dennoch in der Nacht Durst aufkommt, empfehle ich Wasser aus der Leitung mit dem Zahnputzbecher, mit der Lerntasse oder erkalteten, ungesüßten Tee aus solchen Gefäßen.« (Prekop, *Schlaf*, 124)

Neben den Fütterungs- und Stillproblemen ist auch die Berücksichtigung der Wachzeiten von großer Bedeutung, d.h.: Wie verlaufen sie? Bedeutet Wachsein grundsätzlich Quengeln, Unruhe oder Schreien? Gibt es ruhigere Spiel- und Unterhaltungsphasen zwischen Mutter/Vater und Kind?

Ich weiß noch, wie ich einmal etwas Neues herausfand, als Jana quengelte, aber nicht einschlief. Ich war gereizt, da ich glaubte, wieder lange Zeit damit verbringen zu müssen, sie in den Schlaf zu tragen. Ich saß auf dem Bett, legte sie auf meine angewinkelten Beine, so dass wir einander anblicken konnten, und fragte: »Und jetzt?« Jana antwortete mit plötzlichem Lachen, und ein lustiges Gespräch begann, in dem ich immer und immer wieder diese beiden Wörter, möglichst überraschend, aussprach. Es dauerte etwa zehn Minuten, bis Jana sich von mir abwand. Anschließend schlief sie in der Bauchtasche nach kurzem Herumtragen ein. Solche Zwiegespräche wurden am Ende des dritten Lebensmonats häufiger. Wir nahmen deutlich wahr, dass Jana unsere Unterhaltung brauchte, forderte und genoss.

Die Zeit, da wir verzweifelt mit unserem schreienden Baby um Tische und Stühle liefen, wurde weniger. Rhythmen zwischen Schlafen, Wachen, Essen und Spielen zeichneten sich ab. Endlich bekamen wir deutliche Signale, und durch unsere vielfältigen Erfahrungen wurden wir sicherer. Die offensichtlichen Fortschritte wären uns kaum aufgefallen, hätte ich sie nicht täglich aufgezeichnet.

Mütter und Väter übermäßig schreiender Säuglinge werden den Moment, wenn ihr Baby mit einem Lächeln im Gesicht antwortet, wie ein Geschenk des Himmels empfinden und es genießen. Lassen Sie dafür das Telefon klingeln und alle lästigen Pflichten unerledigt, denn Ihre Seele und die Ihres Kindes brauchen diese freundliche Aussprache, um das gegenseitige Vertrauen zu stärken, welches allzu sehr auf die Probe gestellt wird.

Was das Baby in seinen Wachzeiten erlebt und wie es seine frühen Erfahrungen integriert, ist heutigen Kenntnissen nach sicher nicht weniger wichtig als der Schlaf. Ein ungünstiger Ablauf der Wachphasen kann das Ein- und Durchschlafen erheblich erschweren. Die Qualität der Wachphasen hängt ihrerseits wesentlich von der Qualität der Eltern-Kind-Interaktionen und von einem kindgerechten Timing der Interaktionen ab. (Papou ek, »Affektive«, 207)

Rhythmen können so vielfältiger Natur sein, dass manche sie auch mit Hilfe eines Tagebuches nicht erkennen. In diesem Fall ist es besonders wichtig, im Kleinen darauf zu achten, dass gewisse Routinetätigkeiten zu bestimmten Zeiten an denselben Orten wiederkehren. Schreit Ihr Kind rund um die Uhr, so werden Sie vielleicht herausfinden, dass es sich vormittags durch einen Spaziergang unterhalten lässt, während es am späten Nachmittag durch keine bisher erprobte Maßnahme zu beruhigen ist. Das Spazierengehen ließe sich also für den Vormittag planen, egal ob für zehn Minuten oder zwei Stunden, es ist ein Anfang, auf dem Sie andere Routinetätigkeiten aufbauen können. Bei der Heimkehr wäre es günstig, die gleiche Reihenfolge einzuhalten, z.B.: Kinderwagen in den Flur stellen, das Baby herausheben, die Wohnungstür aufschließen, sich mit Kind auf eine Decke setzen, ein vertrautes Lied singen, es nackt ausziehen und strampeln lassen, wickeln, ein wenig herumtragen und durch die Wohnung spazieren, währenddessen Wasser für eine Tasse Kräutertee (für die Mutter!) erhitzen, Zimmer abdunkeln und das Baby in seine Hängematte legen ... all diese Tätigkeiten eignen sich zum Aufbau wiederkehrender Rhythmen. Fangen Sie ganz klein an, und versuchen Sie, die Abfolge zu verinnerlichen, ohne ein komplexes, theoretisch entwickeltes Schema in die Praxis umsetzen zu wollen. Orientieren Sie sich an den natürlichen Bedingungen, d.h. aktiv am Tag und ruhig in der Nacht.

Um den Beruhigungsmöglichkeiten, die für Ihr Baby geeignet sind, auf die Spur zu kommen, sollten Sie nicht zu viel auf einmal probieren, sondern sich zunächst wenigen Methoden für eine Weile widmen. Ich weiß zwar, wie ungeheuer schwer es ist, im entscheidenden Moment Ruhe zu bewahren und nicht nach einem missglückten Versuch das Handtuch zu werfen, dennoch habe ich erfahren, dass Beharrlichkeit die einzige Chance ist, zum erwünschten Ziel zu gelangen, wenn auch nicht so rasch und direkt wie erhofft. Wie oft habe ich z.B. unsere Bauchtrage in die Ecke geworfen, weil Jana schrie und zappelte, als ich sie damit am Körper tragen wollte. Aber irgendeine innere Kraft hielt mich dazu an, unterschiedliche Haltungen und Bewegungsabläufe zu entwickeln, die für Jana eine beruhigende Wirkung hatten. Ich wusste nicht, wie und warum – aber *dass* es weiterging.

Die Mitteilungen eines Babys, das viel schreit und wenig schläft, sind für seine Eltern oft schwer zu entschlüsseln. So führt vor allem die Fütterung nach Bedarf zu starken Verunsicherungen, da es Probleme bereitet, Hunger von anderen Schreiursachen zu unterscheiden. Um den Bedürfnissen Ihres Kindes auf den Grund zu gehen, ist es sinnvoll, über sein Schrei-, Schlaf- und Wachverhalten während einer 7-Tage-Periode Buch zu führen. Diese Aufzeichnungen dienen zudem als Grundlage zur Entwicklung wiederkehrender Rhythmen durch einen klar strukturierten Tagesablauf. (Formular s.S. 196f.: Beispiel und Kopiervorlage)

Ernährungskontrolle im Hinblick auf mögliche Nahrungsmittelunverträglichkeiten

W ie im ersten Kapitel beschrieben, sind in manchen Fällen auch Nahrungsmittelunverträglichkeiten oder Allergien Ursache für das übermäßige Schreien eines Babys, deren Häufigkeit meist überschätzt wird. Dennoch wäre es sinnvoll, durch Ausschluss bestimmter Nahrungsmittel zu testen, ob eine Unverträglichkeit vorliegt, besonders dann, wenn das Schreien von auffälligen Symptomen wie Durchfall, Erbrechen, Hautekzemen, Atemstillständen oder wiederkehrenden Infektionen begleitet wird.

Da im Grunde jedes Nahrungsmittel Unverträglichkeitsreaktionen hervorrufen kann, wenn ein Mensch entsprechend sensibilisiert ist, streichen viele stillende Mütter alle Lebensmittel aus ihrem Speiseplan, von denen sie irgendwann einmal gehört oder gelesen haben, dass sie Allergien auslösen können. Die weiterführende Konsequenz wäre schließlich eine radikale Fastenkur, die für eine stillende Mutter nicht in Frage kommt, da zum einen das Baby bestimmte Nährstoffe benötigt, die es über die Muttermilch erhält, und zum anderen ausgeschiedene Giftstoffe in die Milch gelangen könnten.

Einige Kinderkrankenschwestern, Hebammen oder Kinderärzte empfehlen, die Mutter solle eine für allergiegefährdete Säuglinge entwickelte Flaschenmilch füttern. Milchpulver mit der Zusatzbezeichnung »H.A.« für »hypoallergen« oder »hypoantigen« (*hypo*: unter, darunter) wird vielen übermäßig schreienden Babys gegeben, in der Hoffnung, ihr Zustand würde sich damit bessern. Mütter, die sich ohnehin dazu entschlossen haben, ihr Kind mit der Flasche zu ernähren, könnten das Angebot leicht annehmen und durch die Gabe dieser Spezialmilch, deren allergenen Eigenschaften reduziert wurden, testen, ob bei ihrem Baby eine Unverträglichkeit vorliegt. Allerdings wird von den Herstellern ausdrücklich darauf hingewiesen, dass die hypoallergene Säuglingsnahrung (Humana HA , Aptamil HA mit LCP Milupan , Beba HA von Nestlé) nicht für Kinder mit bestehender Kuhmilcheiweißallergie geeignet ist. Kuhmilch gehört jedoch zu den Nahrungsmitteln, die am häufigsten zu Unverträglichkeitsreaktionen führen. Für Babys mit Kuhmilch- und Milchzuckerunverträglichkeiten wurde deshalb eine Kunstmilch auf pflanzlicher Basis hergestellt wie z.B. Humana SL oder Milupa SOM . Sie enthalten Eiweißbestandteile der Sojabohne. Säuglinge, die zu Nahrungsmittelunverträglichkeiten neigen, können aber auch auf Sojamilch allergisch reagieren. So wird bei eindeutig erkannter Kuhmilchallergie von Sojamilch abgeraten: »Denn ca. 25% der Patienten mit Kuhmilchallergie [...] zeigen gleichzeitig Reaktionen auf Sojaprodukte« (Wurdinger, 27).

Im Rahmen einer Such- und Eliminations-Diät (Ausschlussdiät) sowie zur Vorbeugung von Nahrungsmittelallergien empfehlen einige fachkundige Kinderärzte hochgradig hydrolysierte Säuglingsnahrungen, die den allergenhaltigeren Präparaten im Zweifelsfalle vorzuziehen seien. Hochgradig hydrolysierte bzw. semielementare Säuglingsnahrungen wie Pregomin , Alfaré oder Nutramigen bekommen Sie nach Absprache mit Ihrem Kinderarzt in der Apotheke. Sollte bei Ihrem Kind eine Ernährung mit hypoallergener Ersatzmilch aus medizinischen Gründen erforderlich sein (Attest vom Kinderarzt), so können Sie bei der Krankenkasse einen finanziellen Zuschuss beantragen. Es besteht allerdings kein Rechtsanspruch auf Kostenerstattung (AAK, *ABC*, E4, 8).

Eine sichere Alternative zum Stillen bietet Ihnen die Gabe von Fertigmilch also nicht, und Sie müssen auch hier ein wenig experimentieren. Sie sollten jedoch keinesfalls innerhalb kurzer Zeit alle auf dem Markt erhältlichen Sorten durchprobieren.

Stillende Mütter sollten zunächst darauf verzichten, ihr Baby mit der Flasche zu ernähren, und lieber eine gezielte, aber befristete Diät durchführen. Muttermilch ist die optimale Nahrung für einen Säugling und kann durch keine Kunstmilch wirklich ersetzt werden. Sie bietet einen weitaus besseren Schutz vor Allergien als das für allergiegefährdete Babys hergestellte Milchpulver und beugt Verdauungsstörungen am ehesten vor.

Für eine Diät bieten sich mehrere Möglichkeiten an. Gehört Ihr Kind zur Allergie-Risikogruppe, möchten Sie vielleicht von Anfang an sichergehen und besonders »gefährliche« Lebensmittel in Ihrer

Ernährung meiden. Bei Babys und Kleinkindern zählen Kuhmilch und Hühnerei zu den häufigsten Allergieauslösern, gefolgt von Hülsenfrüchten (Erbsen, Bohnen, Linsen, Soja, Erdnüsse), Nüssen und Obst (Illing, *Mein Kind*, 44-47). Das Weglassen häufiger Allergieauslöser sollten Sie für mindestens sieben bis zehn Tage konsequent durchhalten. Kommt es zu einer deutlichen und auffälligen Beruhigung Ihres Babys, können Sie durch gezielte Testessen nacheinander »verdächtige« Nahrungsmittel in Ihren Speiseplan einbauen. Dabei müssen Sie berücksichtigen, dass Unverträglichkeitsreaktionen auch von der Art der Zubereitung bzw. Menge eines Nahrungsmittels abhängig sein können. Es wird daher empfohlen, z.B. Kuhmilch etwa in der folgenden Reihenfolge zu testen: Sahne oder Sauerrahm, Naturjogurt oder Kefir, verschiedene Käsesorten, Quark, pasteurisierte und homogenisierte Trinkmilch und zum Schluss Rohmilch (Vorzugsmilch), die die allergenpotenteste Form darstellt (AAK, *ABC*, E7, 15). Bei einem unverträglichen Nahrungsmittel müssten die Symptome innerhalb einiger Stunden, spätestens nach ein bis zwei Tagen wieder auftauchen. Bevor Sie ein weiteres Nahrungsmittel hinzufügen, sollten Sie also länger als zwei Tage warten. Das wird Ihnen wahrscheinlich nicht schwer fallen, wenn Ihr Baby sich tatsächlich beruhigt hat.

Um zunächst nur den Verdacht der Kuhmilchunverträglichkeit erhärten bzw. ausschließen zu können, meiden Sie für zwei Wochen alle Produkte, die aus Kuhmilch hergestellt wurden. Dabei müssen Sie auch darauf achten, dass die von Ihnen verzehrten Nahrungsmittel keine Zusatzstoffe aus Kuhmilchprodukten enthalten, da z.B. Milchzucker und Molke häufig Bestandteile in verbreiteten Grundnahrungsmitteln wie Brot und Margarine und in unzähligen Fertiggerichten sind.

Eine empfehlenswerte und selbst erprobte Alternative zur Kuhmilch ist die Sojabohne – nicht nur als Grundlage für Milchpulver, sondern auch für die Ernährung der stillenden Mutter. Sojamilch gibt es inzwischen in vielen größeren Supermärkten zu kaufen, ebenso der aus Sojabohnen hergestellte Tofu. Diese Produkte sind unaufdringlich, mild im Geschmack und enthalten neben Eiweiß Nährstoffe wie Kalzium und Eisen. Tofu eignet sich für alle möglichen Gerichte. Man kann ihn z.b. mit der Gabel zerdrückt wie Rührei braten (und würzen) oder als Zutat gewürfelt in Suppen geben. Sojamilch bietet sich besonders beim Kochen als Ersatz für Kuhmilchprodukte an. Mit ihr können Sie Soßen für Salate, Gemüse oder Fleisch zubereiten und sogar Vanillepudding herstellen. Im Gegensatz zu diversen Weizenbroten werden Roggenbrote weniger häufig mit Zusätzen aus Milchprodukten hergestellt. Hühnereifreie Teigwaren finden Sie am einfachsten unter italienischen Nudelsorten.

Schon anhand dieser Hinweise werden Sie vielleicht sehen, wie aufwendig es sein kann, eine Allergie oder Unverträglichkeit zu entdecken, sofern sie überhaupt besteht. Für Babys, die nicht aus einer allergisch vorbelasteten Familie stammen, müsste es im Grunde ausreichen, wenn ihre stillenden Mütter zunächst auf Kuhmilchprodukte verzichten sowie auf Lebensmittel, die leicht durch weniger »gefährliche« zu ersetzen sind. Außerdem sollten Sie alle Nahrungsmittel meiden, die bei Ihnen oder dem Vater zu Verdauungs- oder anderen Problemen führen. Auch Leitungswasser können Sie probeweise durch Mineralwasser, das sich für die Herstellung von Säuglingsnahrung eignet (Hinweis auf dem Etikett beachten), ersetzen. Bekommt Ihr Baby Vitamin- oder Fluorpräparate, wäre es den Versuch wert, diese für eine Weile abzusetzen, da sie von manchen Säuglingen nicht vertragen werden. Zurückhaltung ist außerdem bei scharfen und exotischen Gewürzen geboten. Zu guter Letzt seien noch Drogen wie Alkohol, Koffein und Nikotin genannt, deren Konsum Sie als Stillende möglichst einschränken oder besser ganz meiden sollten. Die Einnahme von für Sie unvermeidbaren Antibiotika und anderen Medikamenten besprechen Sie am besten mit Ihrem Arzt, und unterrichten Sie ihn über eventuell beobachtete Unverträglichkeitsreaktionen Ihres Babys.

Geht es Ihrem Kind nach der Ausschlussfrist der weggelassenen Nahrungsmittel nicht wirklich besser, sollten Sie Ihre Diät beenden und die entsprechenden Produkte wieder in den Speiseplan aufnehmen. Der psychische, aber auch körperliche Stress bei einer erfolglosen Suche nach allergieauslösenden Übeltätern trägt unter Umständen noch zu einer Verschlimmerung der Unruhe bei. Vor allem, wenn Ihnen der Verzicht auf die ausgeschlossenen Nahrungsmittel schwer fiel, wird der heiß geliebte Käse oder ein sahniges Stück Torte für Ihr persönliches Wohlbefinden von großer Bedeutung sein – und damit auch Ihrem Baby helfen, das bei einer zufriedenen Mutter die besten Chancen hat, sich zu beruhigen.

Informationsmaterial sowie ein detailliertes Formular zum Führen eines Symptomtagebuches bietet die Arbeitsgemeinschaft Allergiekrankes Kind (AAK) an. Informationen zu den in diesem Kapitel erwähnten Produkten können Sie direkt bei den Herstellerfirmen von Babynahrung (Milupa, Humana, Nestlé) anfordern. (Adressen s. Anhang)

Um herauszufinden, ob Ihr Baby unter einer Nahrungsmittelunverträglichkeit oder -allergie leidet, bieten sich verschiedene Möglichkeiten an. Bei Flaschenfütterung können Sie für eine befristete Zeit allergenarme Milchnahrungen geben, die mit dem Zusatz H. A. gekennzeichnet sind. Dabei ist zu berücksichtigen, dass die meisten, in Supermärkten erhältlichen H.A.-Nahrungen nicht bei bestehender Kuhmilcheiweißunverträglichkeit geeignet sind. Für solche Fälle gibt es spezielle, über Apotheken beziehbare Nahrungen, deren Gabe Sie mit Ihrem Arzt besprechen sollten.

Stillende Mütter können einer Nahrungsmittelunverträglichkeit durch eine zeitlich befristete Ausschlussdiät nachspüren. Dabei werden Nahrungsmittel, die häufig zu Unverträglichkeitsreaktionen führen, aus dem Speiseplan gestrichen, um anschließend durch gezielte Testessen zu prüfen, ob und wie das Baby reagiert. Da Kuhmilch als das Nahrungsmittel gilt, das am häufigsten zu Unverträglichkeitsreaktionen bei Säuglingen führt, genügt in den meisten Fällen das Weglassen aller kuhmilchhaltigen Lebensmittel für zwei Wochen. Kommt es zu keiner auffälligen Besserung, sollte die Mutter ihre Diät beenden.

Beruhigungsmethoden für unruhige und schreiende Säuglinge

Im Bauch seiner Mutter war das Ungeborene immer mehr oder weniger in Bewegung, es schaukelte im warmen Fruchtwasser, stieß sanft gegen die Wände der Gebärmutter und fand daran Halt. Gedämpft durch die Flüssigkeit vernahm es ein immer während Grundrauschen, Gluckern und Zischen sowie das gleichmäßige Pochen des mütterlichen Herzens. Im Vergleich zu dieser »wässrigen« Wahrnehmung mit fließenden Übergängen und rhythmischen Tönen wirken die Geräusche und Klänge unserer »trockenen« Welt krass, hart und laut. Die Bewegungen »an Land« erstarren, wiederkehrende Rhythmen verlieren sich in einem Chaos von Handlungen, die das Baby nicht durchschauen kann.

Es liegt nahe, dass Bewegungen, Geräusche, Temperaturen und Körperkontakte, die den Säugling an seine Geborgenheit im Mutterleib erinnern, tröstend wirken. Manch schreiendes Kind beruhigt sich durch leichtes Wiegen, Streicheln, kurzes Zureden oder Singen. Andere Babys brauchen mehr als das, um in den Schlaf zu fallen und sich wohl zu fühlen.

Noch im Mutterleib war die Versorgung des Ungeborenen pausenlos gesichert; plötzlich fehlt es an allem, um »jede Kleinigkeit« muss sich das Neugeborene sorgen: also schreien. Während das eine Baby zu schmatzen beginnt und zur Überbrückung am Finger saugt, was der Mutter seinen Hunger signalisiert, schreit ein ungeduldigeres Kind energisch und eindringlich, sobald es seinen leeren Magen spürt.

Die Mutter und andere Bezugspersonen müssen von Beginn an ständig präsent und verfügbar sein, wenn das Baby in seinem Leben außerhalb der Gebärmutter Vertrauen entwickeln soll. Erst auf einer solchen Basis wird es sich auf seine Bezugspersonen verlassen können und lernen, dass seine Bedürfnisse auch ohne lautes Schreien erhört und befriedigt werden.

Leider ist auch heute noch der Glaube verbreitet, ein Baby brauche von Geburt an erzieherisch gesetzte Grenzen, sonst würde es seine Eltern stets ausnutzen und überfordern. Das Stichwort des »kleinen Tyrannen« oder »verwöhnten Nesthäkchens« fällt häufig in »gut gemeinten« Ratschlägen von Freunden oder Angehörigen, wenn sie das Verhalten der Eltern als übertrieben fürsorglich beurteilen. Menschen, die so urteilen, sind sich wahrscheinlich nicht bewusst, dass die Geburt den bereits größten Verzicht für das Baby bedeutet, den es erst einmal verdauen muss. Grenzen und Einschränkungen werden in seinem Leben auch ohne erzieherische Absichten unumgänglich sein, doch aus der Perspektive des Kindes nehmen sie viel größere Ausmaße an als aus dem Blickwinkel eines Erwachsenen.

Grundsätzlich trägt es zur Beruhigung bei, wenn ein schreiendes Baby so schnell wie möglich Antwort erhält. Natürlich kann niemand sofort jedes Bedürfnis erraten und entsprechend handeln. Zunächst sollte das Kind einfach nur spüren, dass es nicht alleine ist. Sie können ihm zurufen, es auf den Arm nehmen und währenddessen überlegen, ob es Hunger haben könnte, friert oder schwitzt, die Windel drückt usw. Schreit das Baby trotz aller Versuche weiter, spürt es wenigstens Ihre Nähe. Denken Sie einfach an die Zeit zurück, als Sie mit Geburtswehen dalagen und nichts anderes von Ihrem Partner verlangten als seine Anwesenheit. Vielleicht haben Sie die Hebamme angeschrien oder den Arzt zurechtgewiesen, weil Sie sich in Ihrem Schmerz nicht beherrschen konnten, obwohl Sie gar nicht böse auf diese Menschen waren. So ergeht es nun Ihrem Baby, das aus irgendeinem Grund schreit, aber nicht, weil es Sie hasst. Ganz sicher werden Sie alles tun, was in Ihrer Macht steht, und niemand wird Sie dafür schuldig sprechen dürfen! Dass es Sie nicht kalt lässt, wenn Ihr Kind schreit, ist der beste Beweis für Ihre liebende mütterliche Fähigkeit. Und wenn Sie dann noch widersprechen, weil ein Verwandter Ihnen geraten hat: »Lasst es doch einfach schreien!«, haben Sie bereits den wichtigsten Schritt unternommen, um Ihr Baby verstehen und kennen zu lernen. Ein »unerhörtes« Kind wird viel eher zum »unerhörten« Erwachsenen als ein Kind, dessen Mutter (Vater ...) seinem Schreien zuhört, auch wenn sie (er) den Grund nicht kennt.

Es ist eine oft geäußerte Befürchtung der Eltern, dass durch häufiges und rasches Reagieren auf das kindliche Schreien der Säugling verwöhnt werde. Dies trifft für die ersten Lebensmonate nicht zu. Im Gegenteil, Säuglinge, die rasch besänftigt werden, schreien in den kommenden Monaten weniger. Erst ab dem sechsten Lebensmonat kommt es zu einem Gewöhnungseffekt, indem rasches und häufiges Reagieren der Eltern auf das kindliche Schreien nicht zu einer Abnahme, sondern zu einer Zunahme des Schreiens führen kann. (Largo, 218)

Bewegungen, Geräusche, Temperaturen und Körperkontakte, die den Säugling an seine Geborgenheit im Mutterleib erinnern, tragen zur Beruhigung eines schreienden Babys bei. Entgegen häufig geäußerter Erziehungsratschläge, die vor frühzeitigem »Verwöhnen« warnen, führt rasches Reagieren auf die Hilferufe eines Babys kurz- und langfristig zu einer Verringerung des Schreiens.

Nahe liegende Schreiursachen

Sehr wahrscheinlich haben Sie alle nahe liegenden Schreiursachen schon unzählige Male in Betracht gezogen und alles nur Mögliche probiert, um Ihrem Kind zu helfen. Dennoch möchte ich noch einmal kurz erwähnen, welche einfachen Gründe dazu führen können, dass ein Baby schreit.

Wenn Sie Ihr Kind gerade gestillt oder gefüttert haben, es Ihnen signalisiert hat, dass es satt war, und diese Mahlzeit erst kurze Zeit zurückliegt, werden Sie *Hunger*, der wohl an erster Stelle alltäglicher Schreiursachen steht, leicht ausschließen können.

Während der Nahrungsaufnahme beginnen Babys manchmal zu weinen, weil sie leichte Krämpfe bekommen, die eine natürliche Folgeerscheinung des *gastrokolischen Reflexes* sind. Diese »leichten, flüchtigen Schmerzen« klingen meist nach ein bis zwei Minuten wieder ab, und Sie können mit dem Füttern fortfahren. (Taubman, 57-58)

Möchte Ihr Baby einfach nur *saugen*, wird es aufhören zu schreien, wenn Sie es an einem Finger oder Schnuller nuckeln lassen.

Die volle *Windel* mag zum Unbehagen mancher Babys beitragen. Allerdings glaube ich, dass es weniger Säuglingen Probleme bereitet, als die Werbung uns Verbrauchern weiszumachen sucht.

Ist die Haut im Windelbereich gereizt oder wund, sollte die Windel natürlich möglichst oft gewechselt werden.

Ob Ihr Baby schreit, weil es *friert* oder ihm zu *heiß* ist, können Sie schnell nachprüfen. Wenn es friert, fühlt sich sein Bauch kühl an und es atmet vielleicht schneller. Ist ihm zu heiß, wird es rot und bekommt unter Umständen einen Hitzeausschlag, seine Körpertemperatur steigt. Die Fähigkeit zu schwitzen entwickelt sich erst später. Bei Hitze könnte auch *Durst* eine Rolle spielen.

Sensible Babys reagieren auf akustische und visuelle Reize, die ihr persönlich erträgliches Maß übersteigen, mit Unruhe oder Schreien. Straßenlärm, Stimmengemurmel, direkte Sonneneinstrahlung oder hektisches Bewegtwerden bedeuten für manche Kinder eine *Überreizung*. Plötzliche, unvorhersehbare Geräusche können ein Baby *erschrecken* und aufschreien lassen.

Schreit Ihr Kind, weil es sich *einsam* fühlt oder *langweilt*, wird Ihre Anwesenheit, Körperkontakt und Unterhaltung beruhigend wirken.

Ist Ihr Baby bereits längere Zeit wach oder hat es insgesamt sehr wenig geschlafen, schreit es möglicherweise vor *Übermüdung*.

Weitere Schreiursachen können natürlich *Schmerzen* und *körperliches Unwohlsein* wie Übelkeit, verschluckte Luft, Blähungen, aber auch eine *unbequeme Lage* oder *Haltung* sein.

In den meisten Fällen lassen sich die hier genannten Gründe durch entsprechendes Handeln früher oder später aufdecken: Wärme beruhigt das frierende Baby, Rückzug in die gewohnte und stille Umgebung das überreizte, Saugen an Brust oder Flasche das hungrige usw. Das jeweilige Temperament des Babys berücksichtigt, kommt es irgendwann zu einer mehr oder weniger dauerhaften Beruhigung, so dass sich ein Zusammenhang zwischen Ursache und Schreien offenbart.

Missverständnisse tragen manchmal dazu bei, dass ein Baby zu lange auf die Befriedigung seiner Bedürfnisse warten muss. Vor lauter Ungeduld und Zorn vertieft es sich in sein Schreien und beruhigt sich auch dann nicht, wenn der eigentliche Anlass erkannt und beantwortet wird. Ein Baby, das z.B. aus Hunger zu schreien begann, findet die Ruhe zum Trinken nicht mehr und lehnt Flasche oder Brust ab, so dass die Mutter irritiert wird und nach einer anderen Schreiursache sucht. Schlagen alle folgenden Versuche, das Kind zu beruhigen, fehl, vermutet die Mutter vielleicht, es leide unter Schmerzen. Der Kinderarzt Bruce Taubman spricht in solchen Fällen von einem »Bauchwehsyndrom«. Er geht davon aus, dass es besonders temperamentvolle und hartnäckige Babys gibt, die mehr als andere auf eine rasche Reaktion drängen.

Die bis hierhin aufgezählten Schreiursachen reichen – jede für sich genommen – nicht aus, um über Wochen oder Monate hinweg auftretendes untröstliches Schreien zu erklären. Eine Mutter, der es trotz aller berücksichtigten Aspekte nicht gelingt, ihr Baby zu beruhigen, leidet umso mehr unter Schuldgefühlen und Versagensängsten. Aus dieser Situation heraus fällt es schwer, all den Ratschlägen und Vorurteilen zu widerstehen bzw. nur jene zu befolgen, die einem selbst sympathisch und nachvollziehbar erscheinen. Ich hoffe, dass Sie dennoch standhaft bleiben und Ihre innere Stimme so oft wie möglich zu Wort kommen lassen.

Bevor Sie mit Ihrem schreienden Baby herumlaufen und anstrengende Maßnahmen zu seiner Beruhigung ausprobieren, werden Sie wahrscheinlich alle nahe liegenden Schreiursachen berücksichtigt haben: Hunger, Saugbedürfnis, drückende Windel bzw. wunder Po, zu kühle oder warme Temperaturen, Überreizung, Erschrecken, Einsamkeit, Langeweile, Übermüdung und Schmerzen bzw. körperliches Unwohlsein. Auch Missverständnisse können zu anhaltendem und scheinbar grundlosem Schreien führen, wenn das eigentliche Bedürfnis zu spät erkannt wurde.

Die beruhigende Wirkung von rhythmischen Bewegungen, Klängen und Geräuschen

Wie es klingt, wenn ein wütender Mensch den Satz »Ich freue mich!« ausruft, ist leicht vorstellbar. Ob Sie nun die Sprache als Informationsträger entschlüsseln können oder nicht – die im Klang der Stimme ausgedrückten Emotionen lassen sich kaum verbergen. Durch Gewohnheiten und Zwänge haben wir gelernt, unsere wahren Gefühle hinter widersprüchlichen Worten zu verstecken, was bei einem »ungebildeten« Kind für Verwirrung sorgen muss.

Wo verbale Verständigung an ihre Grenzen stößt, kann der spielerische Umgang mit Musik neue Türen öffnen. So berichtet die Musiktherapeutin Gisela Lenz aus ihrer Arbeit mit »irritablen Säuglingen«, wie Mutter und Kind einander näher kommen, indem sie mit Klängen und Geräuschen experimentieren.

Während Sie sprechen oder singen, können Sie Lautstärke, Tempi und Betonungen verändern und Ihre aktuellen Empfindungen ausdrücken. Auf diese Weise erhält das Baby ehrliche und direkte Botschaften von einem Menschen, dem es (am meisten) vertraut. Es fühlt sich geborgen und nimmt Ihre Schwingungen ohne Umwege auf.

Ob und was Sie singen, hängt ganz von der Situation ab, in der Ihr Baby und Sie sich befinden. Wichtig ist, dass Sie sich nicht zwingen, da sich Ihr Zwiespalt auf das Kind überträgt. Das Singen soll auch Ihnen helfen, sich ein wenig zu entspannen und den Gefühlen freien Lauf zu lassen.

Zur Unterstützung und Erleichterung des Einschlafens sollten Lieder gewählt werden, deren Melodie aus wenigen und möglichst gleichmäßigen Tonfolgen besteht. Dem Herzschlag nachempfunden eignen sich *gerade* Takte, die sich ohne Umwege in schreitende Bewegungen integrieren lassen. Da der Vorgang des Einschlafens ein Prozess mit unterschiedlichen Stadien ist, bedarf es eines entsprechenden Liedrepertoires, für das ich Ihnen im Folgenden Material vorstellen möchte.

Wenn Ihr Baby schon seit einiger Zeit schreit und Sie den Eindruck haben, als wäre es überhaupt nicht ansprechbar, sind Lieder kaum angebracht. Sie können versuchen, den akustischen »Schrei-Wall« mit hohen Geräuschen zu durchdringen, wobei es nicht darum geht, ein stundenlanges Krachkonzert zu veranstalten. Probieren Sie komische Töne zu erzeugen, indem Sie z.B. durch vibrierende Lippen summen, zwischen sehr hohen und tiefen Tönen wechseln, eine Sirene oder anfahrende Autos nachahmen, Zischlaute einbauen oder in die Hände klatschen. Geräusche, die an prasselnden Regen oder Meeresrauschen erinnern (z.B. mit einem »Regenrohr«), können besonders wirkungsvoll sein: Lassen Sie Erbsen oder Reis in Pappkarton oder Holzkiste rieseln, benutzen Sie gefüllte Blechdosen oder Plastikschachteln als Rasseln, lassen Sie Gläser klingen, betätigen Sie die Toilettenspülung. Unterbricht Ihr Kind sein Schreien, können Sie die Gelegenheit nutzen und mit ihm sprechen, es streicheln, ihm etwas zu saugen anbieten o.Ä. Jetzt würde auch ein Lied Gehör finden. Braucht Ihr Baby dringend Schlaf, sollte es entsprechend ermüdenden Charakter haben. In Verbindung mit gleichmäßigen Streichel- oder Wiegebewegungen eignen sich Lieder wie »Schlaf, Kindlein, schlaf«, »Abend wird es wieder«, »Müde bin ich, geh zur Ruh«, »Wer hat die schönsten Schäfchen« und »Der Mond ist aufgegangen«, wobei Sie das Tempo jeweils intuitiv wählen und z.B. dem des Atmens anpassen. Beruhigt sich Ihr Kind, werden Sie immer etwas langsamer und leiser.

Ist Ihr Baby durch nichts von seinem Schreien abzuhalten, könnten beharrlich wiederkehrende Bewegungen und Klänge beruhigend wirken. Schnelle Rhythmen drücken Unruhe und Aufregung am besten aus, so dass Sie selbst Gelegenheit haben, Dampf abzulassen, und das Kind in seiner Stimmung bestärkt und aufgefangen wird. Um sich in die Lage des Babys zu versetzen, stellen Sie sich z.B. vor, dass Sie einen Wutanfall haben und Gläser gegen die Wand werfen: Das laute Klirren wirkt regelrecht befreiend, und Sie möchten es so oft wiederholen, bis sich die aggressiven Gefühle im Lärm verlieren.

Die Kombination aus Bewegung, Festhalten und Singen bzw. Sprechen

Meine Tochter war den ganzen Tag über unruhig. Abends steigerte sie sich so in ihr Schreien hinein, dass sanfte Worte, langsames Umhertragen und Wiegen keine Wirkung zeigten. Ihr Schreien ging uns sehr nahe; in Sekundenschnelle stand bei uns alles auf Alarmstufe 1, und wir waren unfähig, Ruhe zu bewahren. So kam es, dass ich nach langem Suchen eine Beruhigungsmethode fand, die langfristig dazu beitrug, dass Jana kaum noch schreien musste und endlich schlief.

Trotz unzähliger misslungener Versuche hatte ich Jana wieder einmal in die Bauchtrage gesetzt. Ihr Schreien konnte ich kaum aushalten, so dass meine Beine schneller liefen, um die Spannung abzuarbeiten. Wie ein Pferd trabte ich durch unser Schlafzimmer und sprach dabei, eher zu meiner eigenen Beruhigung, nur ein einziges Wort – zu jedem Schritt: »Häi, häi, häi ...«, laut und bestimmt. Ich wollte durchhalten, meine Tochter halten, die ich fest mit den Armen umschlang und an mich drückte. Meine Erleichterung werde ich nie vergessen, als Jana in sich zusammensackte und einschlief. Ruhigen Schrittes schlich ich so mit ihr durch die Wohnung und genoss stolz und verwundert zugleich das ruhige Atmen meines entspannten Babys.

Meine persönliche Beruhigungsmethode besteht aus einer Kombination aus Bewegung, Festhalten und Singen bzw. Sprechen. Ich habe sie ohne Konzept aus der Situation heraus entwickelt und möchte sie keinesfalls als Allheilmittel propagieren.

Anfänglich war meine Tochter bereits einige Zeit am Schreien, wenn ich sie in die Bauchtrage setzte. Später gelang es mir, vorbeugend bzw. bei ersten Anzeichen der Unruhe einzugreifen und Schreianfälle zu verhindern.

Sobald Jana vor meinem Bauch hing, »trabte« ich in schnellem Tempo, etwa zwei Schritte pro Sekunde, los (120 Schläge pro Minute: entspricht ungefähr dem durchschnittlichen Pulsschlag eines Babys im ersten Lebenshalbjahr). Dieses »Traben« war eine Mischung aus Laufen und Gehen, das mich wenig anstrengte und gleichzeitig ermöglichte, meine angestaute Erregung abzubauen. Wie andere Eltern hatten wir die Erfahrung gemacht, dass wiederkehrende Fallbewegungen, wie sie z.B. beim Abwärtslaufen einer Treppe entstehen, beruhigend wirkten. Die dem nachempfundene Gangart des »federnden Trabens« erforderte weitaus weniger Kraft, so dass gleichzeitiges Sprechen oder Singen ohne Atemprobleme gelang. Bei anfänglich starker Erregung begleitete ich jeden Schritt mit zweisilbigen Phantasiewörtern wie z.B. »häiah, hemba, renga, zenga«. Solche improvisierten »Formeln« wählte ich jeweils spontan und variierte sie vorwiegend intuitiv. Nach einer gewissen Zeit entstand eine rhythmisch ausgefüllte Monotonie; Laufen und Sprechen passierten fast automatisch.

Ich weiß heute nicht mehr genau, wie lange es dauerte, bis ich vernahm, dass Jana aufhörte zu schreien und sich mehr und mehr entspannte. Rückblickend wundere ich mich über mein Durchhaltevermögen und die Verselbständigung meines Körpers, den ich nur loszulassen brauchte. Es scheint, als hätte ich einer verborgenen Kraft die Türen geöffnet, indem ich meiner Intuition folgte und

Hemmungen abbaute. Eltern, die selbst ein unruhiges und übermäßig schreiendes Baby erlebt haben, werden wohl am besten nachempfinden können, zu welch »verrückten« Dingen man fähig ist, wenn die Selbstkontrolle ihre Macht verliert.

Sobald ich spürte, dass Jana sich beruhigte, verlangsamte ich mein Lauf- und Sprechtempo. Ich verteilte die zweisilbigen Wörter wie »hemba« nun auf zwei Schritte und ließ jede Silbe länger klingen: »häiiii - aaaah, hemmm - baaaah ...« Mit zunehmender Entspannung wurde aus dem Laufen einfaches Gehen, zunächst gleichmäßig und stetig, dann schlendernd und gemütlich. Ich löste mich von den rhythmisch gesprochenen »Formeln« und summte einzelne lange Töne oder dehnte Vokale in einsilbigen Wörtern aus: »Jaaa, ist ja alles guuut. Schlaaaf! ...« Ich summte aus der Tiefe heraus, hob meine Stimme leicht an und blieb auf einem Ton stehen. Meinem Gefühl folgend wechselte ich zwischen Sprechen, Singen und Summen. Wenn Jana eingeschlafen war, schlich ich noch eine Weile möglichst bewegungsarm durch das Zimmer und blieb schließlich neben dem Bett stehen. Langsam setzte ich mich, an mehrere Kissen gelehnt, auf das Bett und sackte nach und nach tiefer. Jana ließ ich zunächst auf meinem Bauch liegen. Für mich bedeutete diese Haltung und Ruhe bereits einen unbeschreiblichen Luxus, so dass ich mich für einige Zeit damit begnügte, Jana auf meinem Bauch schlafen zu lassen. Ich richtete mich darauf ein, konnte dabei endlich lesen, etwas umständlich schreiben, essen und trinken ... Manchmal wachte Jana wieder auf, nachdem ich mich gerade oder erst für kurze Zeit hingelegt hatte. Meist genügten dann einige langsam geschrittene »Runden«, um sie wieder in den Schlaf zu tragen. Aus diesem Grund löste ich die Schnalle der Bauchtrage erst, wenn ich einschätzen konnte, dass Jana genug geschlafen hatte.

Mit zunehmender Entspannung unserer gesamten Situation wagten wir weitere Schritte der »Befreiung«. Bald nahm ich Jana vorsichtig von meinem Bauch und legte sie auf das Bett. Ich nutzte für diese Lageveränderung die Phase ihres Tiefschlafes, die etwa fünf bis zehn Minuten, nachdem ich mich mit ihr auf das Bett gelegt hatte, erreicht war. Wartete ich zu lange, wachte Jana mit ziemlicher Sicherheit auf.

Janas Schlaf-/Wachrhythmen wurden stabiler, und wir konnten unsere Aktivitäten weiter einschränken. Im Laufe ihres fünften Lebensmonats missglückten die trabenden Einschlafversuche zunehmend, bis mein Mann entdeckte, dass Jana auch ohne vorheriges Herumtragen einschlief: Er legte sie direkt auf seinen Bauch, wippte gleichmäßig auf und ab und sang wie gewohnt unsere Formeln und Lieder. Wieder mussten wir einige Zeit üben und uns an die neue Situation gewöhnen. Wir legten uns nun ein Lammfell auf den Bauch. Mit dieser Schlafunterlage konnten wir Jana, nachdem sie eingeschlafen war, erschütterungsarm und vorsichtig herunterziehen. Spätabends kam es sogar einige Male vor, dass Jana direkt auf dem Bett einschlief, wenn wir ihre Hände streichelten und sangen oder sprachen.

Jana wuchs und entwickelte sich schnell, und der elterliche Bauch verlor als Schlafunterlage seinen Reiz. Das Einschlafen machte erneut Probleme, und in meiner Wut sagte ich, sie müsse nun ohne mich als »Matratze« einschlafen. Ich wollte einfach nicht mehr – und staunte sehr: Jana schlief tatsächlich ein! Ein weiterer Übergang mit Schwierigkeiten und Rückfällen, aber langfristig anhaltenden Fortschritten folgte. Obwohl wir Jana monatelang herumgetragen und auf unseren Bäuchen haben schlafen lassen, wurde sie immer selbständiger.

Klänge, Geräuschkulissen, schaukelnde und wippende Bewegungen, wiederkehrende Rhythmen können ganz unterschiedlich angewandt werden, um einen schreienden Säugling zu beruhigen. In meinem Beispiel kombinierte ich bestimmte Tragetechniken mit Bewegungen, Singen und Sprechen. Ob ich improvisierte oder komponierte Lieder sang, dabei lief oder Jana stehend schaukelte, hing jeweils von der Situation ab. Intuitiv richtete ich meine Sinne auf den Grad der Unruhe und handelte entsprechend. Da wir bald wussten, welche Tageszeiten besonders anstrengend waren, versuchten wir, den Schreihöhepunkten zuvorzukommen. Das Tragen wurde zur Routine, ich verrichtete dabei leichte Hausarbeiten oder spazierte durch unseren Garten. Die erfahrungsgemäß schwierigen Abendstunden verbrachten mein Mann und ich gemeinsam und tanzten abwechelnd mit Jana nach heiterer, rhythmisch vielfältiger (internationaler) Volksmusik von der Schallplatte, während der andere Essen kochte.

Noch nie erschien mir der Umgang mit Musik so existenziell und notwendig wie während des ersten Lebensjahres meiner Tochter. Im Grunde hatte ich zu den Ursprüngen der Musik zurückgefunden, ohne danach zu suchen. Ich war in der Lage, meine Stimme und Kreativität als Heilmittel anzuwenden, und gewann mein verloren geglaubtes Selbstvertrauen zurück.

Es wird allgemein festgestellt, dass Musik ein Mittel zur Verständigung ist. In dieser schlichten Wahrheit liegt der ungeheure heilende Wert der Musik, da Krankheit das Ergebnis des Abbruchs der Kommunikation ist. (Alvin, 69)

Die Tatsache, dass viele Schrei-Babys in der Lage sind, sich zu beruhigen, wenn ihre Sinne durch bestimmte Klänge und Bewegungen angeregt werden, drückt möglicherweise nichts anderes aus, als dass sie besonders anspruchsvolle, sensible Wesen sind. Ihre Eltern müssen enorme Fähigkeiten entwickeln, die Signale ihres Kindes richtig zu deuten und entsprechend zu handeln. Wenn ich mich heute in die Lage meiner neugeborenen Tochter zurückversetze, habe ich größtes Verständnis für ihr Schreien, obwohl ich die Ursachen nicht eindeutig benennen kann. Sie brauchte etwas von uns, das wir erst mit viel Mühe entwickeln mussten. In diesem Sinne bin ich ihr, der Geburtshelferin unserer vergrabenen Kräfte, sehr dankbar.

Babys, die anhaltend und untröstlich schreien, erwecken leicht den Eindruck, unansprechbar zu sein. In solchen Fällen kann es helfen, die Stimmung des Kindes aufzufangen und durch rhythmische Bewegungen, Klänge und Geräusche zu beantworten. Dabei wirken monotone Wiederholungen von gesungenen oder gesprochenen Phantasiewörtern, die in Tempo und Lautstärke dem Erregungszustand angepasst werden, beruhigend. Eine Kombination aus Festhalten (beim Tragen), gleichmäßigen Bewegungen (tanzen, laufen, gehen ...) und Gesang bietet Eltern und Kind die Möglichkeit, einander durch sinnliche Wahrnehmung zu verständigen, die Erregung in Bewegung umzusetzen und sich gemeinsam langsam und stetig zu beruhigen.

Der Umgang mit Musik, Tragehilfen und anderen »Beruhigungsmitteln«

Musik

Wenn Sie Musik, auf welchem Wege auch immer, einsetzen möchten, um Ihr Baby zu beruhigen, sollten Sie einige wichtige Aspekte berücksichtigen:

Tiefe Töne wirken beruhigend und entspannend. Sie lassen sich am besten mit der Bruststimme erzeugen, so dass Sie die Schwingungen über den Kehlkopf bis in die Brustwand hinein spüren. Wenn Ihr Kind an Ihrem Körper liegt, empfängt es die Schwingungen nicht nur über das Ohr, sondern direkt durch seinen Körper.

Schreit Ihr Baby sehr intensiv, werden Sie es besser mit hohen Geräuschen und eindringlicher Stimme erreichen als im Flüsterton, den es wegen seiner selbst erzeugten Lautstärke kaum wahrnehmen könnte. Mit zunehmender Entspannung werden Sie wahrscheinlich rein intuitiv leisere Töne anstimmen wollen.

Die unverwechselbare Klangfarbe der mütterlichen Stimme wird dem Baby am vertrautesten sein und beruhigender wirken als z.b. fremde Trompetentöne oder solche, die es bisher nie gehört hat. Instrumente und Stimmen mit »heller« Klangfarbe erregen eher die Aufmerksamkeit des Zuhörers als solche mit »dunkler« Klangfarbe, welche zur Beruhigung und Entspannung besser geeignet sind.

Für Schlaflieder eignen sich Melodien, in denen abfallende Tonfolgen überwiegen (in den Schlaf fallen), wobei Aufwärtsbewegungen wie bei einer Welle ausgleichend wirken. Das bekannte Schlaf- und Kinderlied »Schlaf, Kindlein, schlaf« ist dafür ein besonders gutes Beispiel. Aber auch in den Volksliedern »Abend wird es wieder«, »Müde bin ich, geh zur Ruh« oder »Der Mond ist aufgegangen« kommen solche Wellenbewegungen (Wiegen, Schaukeln ...) deutlich zum Ausdruck.

Da die Bewegung des Gehens, Wiegens, Schaukelns ... wie das Ein- und Ausatmen aus zwei einander ergänzenden Handlungen besteht (rechts und links, hin und her, auf und ab ...), bietet sich der gerade Takt verbunden mit einfachen Rhythmen, auch für beruhigende Musik an.

Es liegt nahe, dass schnelle Bewegungen bzw. Tonfolgen anregend und langsame beruhigend wirken. Gemäß den ruhiger werdenden Atemzügen fördert eine intuitiv gesteuerte Verlangsamung des Tempos den Einschlafprozess.

Wenn Ihr Baby unruhig ist, können Sie es in seiner Stimmung durch anregende Musik bestätigen und seine Aufmerksamkeit wecken. Vielleicht gelingt es Ihnen, die Unruhe aufzufangen und mit Hilfe beruhigender Lieder nach und nach zu lösen. Für eine solche musikalische Stimmungsbegleitung habe ich einige bekannte, leicht singbare Lieder zusammengestellt:

1. Schritt: *Unterhaltsame Lieder mit Überraschungseffekt*
Es klappert die Mühle am rauschenden Bach; Kuckuck, Kuckuck, ruft's aus dem Wald; Hopp, hopp, hopp! Pferdchen lauf Galopp!

2. Schritt: *Kurze muntere Lieder*
Alle Vögel sind schon da; Der Kuckuck und der Esel; Ein Männlein steht im Walde

3. Schritt: *Muntere monotone Lieder*
Auf der Mauer, auf der Lauer, sitzt 'ne kleine Wanze; Grün, grün, grün sind alle meine Kleider; Drei Chinesen mit dem Kontrabass

4. Schritt: *Muntere ruhige Lieder*
Summ, summ, summ, Bienchen summ herum!; Hänsel und Gretel verliefen sich im Wald; Der Winter ist vergangen

5. Schritt: *Ruhige Schlaflieder*
Müde bin ich, geh zur Ruh; Wer hat die schönsten Schäfchen; Abend wird es wieder; Schlaf, Kindlein, schlaf; Der Mond ist aufgegangen

Während Sie die von Ihnen ausgewählten Lieder singen und möglichst oft wiederholen, können Sie Ihr Baby sanft streicheln, wiegen, tragen oder einfach halten. Wenn Sie mit Ihrem Kind umhergehen oder tanzen möchten, sind Lieder wie »Es tanzt ein Bi-Ba-Butzemann« oder »Brüderlein, komm tanz mit mir« angenehme »Wegbegleiter«.

Trägt das Musizieren nicht in jedem Fall zur unmittelbaren Beruhigung Ihres Babys bei, so kann es zumindest Ihrer persönlichen Aufheiterung dienen und von dem schwer erträglichen Schreien ablenken. Mit Musik sind angstbesetzte und spannungsreiche Situationen oftmals leichter zu ertragen.

Tiefe, eindringliche, mit der Bruststimme erzeugte Töne wirken beruhigend, während hohe Geräusche und Töne von heller Klangfarbe die Aufmerksamkeit eines Menschen wecken. Besonders intensiv kann Ihr Baby die Schwingungen Ihrer Stimme, verbunden mit dem gleichmäßigen Pochen Ihres Herzens, wahrnehmen, wenn sein Kopf in Höhe Ihres Brustkorbes liegt bzw. gehalten wird.

Die Melodien improvisierter Gesänge oder Lieder sollten in Wellenbewegungen verlaufen, in denen absteigende Tonfolgen überwiegen, um eine einschläfernde Wirkung zu erzeugen. Ein gerader Takt und einfache Rhythmen, die sich in gleichmäßige Körperbewegungen integrieren lassen, sind hierfür geeignet.

Tragen

Das Tragen wird im Zusammenhang mit schreienden Babys in vielen Publikationen als beruhigend beschrieben, aber nicht alle Eltern, die es probieren, haben damit auch Erfolg. So unterschiedlich die unerkannten Gründe für das übermäßige Schreien eines Säuglings sein mögen, so verschieden werden diese auf das Herumtragen reagieren.

Da es mit großem Kraftaufwand verbunden ist, ein Baby stundenlang auf dem Arm zu halten und mit ihm umherzugehen, sind seine Eltern bald überfordert. Entweder laufen sie ihrer Erschöpfung zum Trotz lustlos und selbstbeherrscht weiter, oder sie geben es auf und entwickeln ein schlechtes Gewissen, weil sie »nichts« tun, um ihrem Kind zu helfen. Wenn sich das Baby wirklich beruhigt, während es getragen wird, lohnt sich der Gebrauch eines Hilfsmittels wie Tuch, Bauchtrage oder Tragebeutel bzw. Tragesack ganz offensichtlich. Die Erfahrung vieler betroffener Eltern hat jedoch gezeigt, dass es nicht immer notwendig ist, ein schreiendes Kind zu tragen. Entsprechend sollte sich niemand entgegen seiner inneren Haltung zum Tragen zwingen oder verpflichtet fühlen.

Jedes Mal, wenn mein Sohn schrie, setzte ich ihn in die Bauchtrage. Ich entwickelte erstaunliche, krakenähnliche Fähigkeiten, den Haushalt mit meinem Sohn in der Trage einigermaßen zu bestreiten. Ich konnte auf diese Weise sogar staubsaugen, was Liam besonders liebte, denn dann schlief er sofort ein. *K.R.*

Das Tragen von Babys dicht am Körper von Mutter oder Vater wird heute immer mehr und selbstverständlicher befürwortet. Nähe, Bewegung, Halt und Geborgenheit fördern die seelische und körperliche Entwicklung eines Säuglings, unabhängig davon, wie viel und häufig er schreit. Der Gebrauch von Hilfsmitteln ist dabei zu Ihrer eigenen Entlastung und aus praktischen Gründen zu empfehlen:

Ein *Tragetuch,* mit dem Sie Ihr Baby an Ihrem Körper tragen können, ist nicht nur vielseitig, sondern auch über lange Zeit hin verwendbar. Sie können Ihr Kind seinem Alter gemäß in verschiedenen Haltungen vor dem Bauch, an der Hüfte oder auf dem Rücken »huckepack« tragen. Das Knoten und Binden erfordert allerdings einige Übung, die unter Anleitung eines erfahrenen Menschen am besten gelingt. Vielleicht finden Sie Hilfe in einer Stillgruppe, bei einer Hebamme, Kinderkrankenschwester oder befreundeten Mutter. Obwohl von den meisten Herstellern inzwischen ausführliche Bindeanleitungen für Tragetücher mitgeliefert werden, kann praktische Unterstützung besonders bei einem unruhigen und schreienden Baby von großem Nutzen sein. Außerdem sollten Sie bei der Anschaffung eines Tuches auf die Größe und Qualität achten. Einige Babyartikelversandhäuser bieten sehr preiswerte und farblich ansprechende Tücher an, die sich allerdings weniger leicht handhaben lassen als z.B. Qualitätsprodukte von »Didymos «, deren Stoffe durch eine spezielle Webart diagonal dehnfähig sind. Sie schmiegen sich elastisch an den Körper und ermöglichen gleichzeitig festen Halt und Bequemlichkeit beim Tragen. Über die Firma Didymos erhalten Sie auch Kontaktadressen von tragetucherfahrenen Müttern in Ihrer Nähe (Adresse im Anhang).

Während Sie Ihr Kind mit einem Tuch auch liegend transportieren können, gibt es beim Tragen mit einer *Bauchtrage* nur die aufrechte Haltung, die vielen Babys (mit oder ohne Bauchschmerzen) behagt. Bei jungen Säuglingen müssen Sie darauf achten, dass sie genügend Halt bekommen und nicht mit gekrümmtem Rücken in sich zusammensacken (bei den gängigen Modellen ist hier meist ein Stützen und An-sich-Drücken durch den Träger notwendig). Durch das Verstellen von Rückenschnalle und Schultergurten können Sie den Sitz (abhängig vom Modell) für Ihre Körpergröße einrichten.

Der *Tragebeutel* bzw. *Tragesack* (*Snugli*) ist gewissermaßen eine Mischung aus Tuch und Bauchtrage. Sie können ihn sowohl für Neugeborene als auch für zwei- bis dreijährige Kleinkinder verwenden. Durch einen verstellbaren Innensack wird die Größe dem Platzbedarf des Kindes angepasst. Der Tragebeutel eignet sich, besonders bei älteren Kindern, auch als Rückentrage. Das Knoten und Binden entfällt, so dass er leicht und ohne viel Übung zu handbaben ist.

Der Säugling ist nicht von Natur aus ein Nesthocker [...], sondern er wurde zu einem »kulturellen« Nesthocker gemacht [...]. Der tiefe Schlaf des Säuglings auch beim heftigsten Bewegtwerden und selbst bei geräuschvoller Umgebung beweist die beruhigende Wirkung von Lageveränderungen, da diese die Anwesenheit der Betreuungsperson signalisieren. [...] Der menschliche Säugling zeigt verhaltensbiologisch auch heute noch seine Zugehörigkeit zum Jungentypus Tragling. (Kirkilionis, 117-119)

Die Beobachtungen von Hunziker (1986, 1988) zeigten, dass Säuglinge, die etwa vier Stunden pro Tag in aufrechter Körperhaltung getragen wurden, ab der dritten Lebenswoche auffallend weniger weinten als die Kinder der Kontrollgruppe, zudem längere Wachphasen in zufriedener

Stimmung aufwiesen, was insgesamt von Vorteil für die Entwicklung des Kindes ist. Auch aus Kulturen, in denen die Kinder vornehmlich getragen werden, ist bekannt, dass die Säuglinge ruhiger sind und seltener weinen. (Kirkilionis, 190-191)

Neben all den genannten, die Entwicklung des Kindes förderlichen Aspekten, birgt das Tragen noch einen weiteren Vorteil in sich: Die Beine des Säuglings nehmen im *Tragetuch* eine körperbaugerechte Haltung ein, so dass die Heranreifung der Hüfte optimal unterstützt wird. Eine bei mangelhaft ausgebildeter Hüfte häufig empfohlene Spreizhose kann durch das Tragetuch zeitweise ersetzt werden. Die gängigen, auf dem Markt angebotenen *Bauchträger* werden in dieser und anderer Hinsicht jedoch als untauglich beurteilt, da das Anhocken der Beine nur durch einen ausreichend breiten Steg gefördert werden kann. Eine Ausnahme bietet der *Snugli*, d.h. der in diesem Kapitel erwähnte *Tragebeutel* oder *-sack*, in dem die nötige Spreizung und Hockstellung bis zu ca. 90° gegeben ist. Die darin angenommene fetale Haltung und das Umschlossensein durch den Sack erinnert das Baby am ehesten an die Geborgenheit im Mutterleib. Das Tragetuch wird insbesondere »bei seitlichem Einsatz für alle Altersklassen als sehr günstig« bewertet, »da dies zudem einen freieren Blick des Kindes im Vergleich zur Front-zu-Front-Stellung ermöglicht« (Kirkilionis, 168).

Was immer Sie wählen – Tragetuch, Bauchtrage oder Tragebeutel (Tragesack, Snugli) –, es soll Ihnen helfen, das Tragen nicht als Schwerstarbeit zu erleben, so dass Sie beide, Sie und Ihr Kind, kurz- und langfristig davon profitieren. Aus orthopädischer Sicht ist auf die Anwendung einer Bauchtrage am ehesten zu verzichten und besser ein Tragebeutel bzw. Snugli zu benutzen, wenn die Handhabung eines Tragetuches schwer fällt.

Einige mit Schrei- und Schlafproblemen vertraute Experten raten davon ab, das Tragen als Einschlafhilfe zu benutzen. Sie empfehlen, das Baby konsequent an einen festen (Ein-)Schlafplatz zu gewöhnen. Hätte ich nicht selbst erlebt, wie sich die Unruhe meines Kindes auf mich übertrug, würde ich dem leicht zustimmen. Natürlich ist es keine Dauerlösung, ein Baby der eigenen Erschöpfung zum Trotz stundenlang zu tragen und an dieses kräfteraubende »Schlafmittel« zu gewöhnen. Andererseits habe ich erlebt, dass ich durchaus fähig war, Aktivitäten einzuschränken und meinem Kind in kleinen Schritten Freiräume zur Selbstberuhigung zu gewähren.

Ratschläge können noch so wertvoll und vielversprechend sein – wichtiger scheint mir jedoch, dass die Eltern Haltung bewahren und ihrem Baby vermitteln: »Egal, was geschieht, ich bin für dich da. Ich handle von ganzem Herzen und bin bereit, mein Verhalten mit ganzem Herzen zu ändern – wenn ich reif dafür bin!«

Das Tragen eines Babys wird heute zunehmend befürwortet. Durch Körperkontakt, Bewegungen des Trägers und daraus resultierende Lageveränderungen wird dem Säugling die ständige Anwesenheit seiner Betreuungsperson vermittelt.

Bei übermäßig schreienden Babys erweist sich das Herumtragen nicht immer als beruhigend. Viele Eltern tragen ihr Kind dennoch mit sich herum, da sie sich nicht anders zu helfen wissen. Dass solch kräftezehrendes »Marathontragen« dem ursprünglich beruhigenden und entspannenden Effekt entgegenwirkt, liegt auf der Hand. Herumtragen ist kein Allheilmittel und sollte nur dann eingesetzt werden, wenn Träger und Kind kurz- und langfristig davon profitieren. Bei ausbleibenden Erfolgen können Sie dem Baby Ihre Anwesenheit auch vermitteln, indem Sie es am Körper halten, ohne herumzulaufen.

Tragetuch, Bauchtrage oder Tragesack (Snugli) sind empfehlenswerte Hilfsmittel, um das Tragen zu erleichtern und mit anderen Tätigkeiten (wie z.B. Hausarbeiten) zu verbinden.

Während sich die beruhigende Wirkung der mütterlichen Stimme oder des Tragens ohne Umwege auf seine natürlichen Ursprünge zurückführen lässt, erscheint es manchen Eltern geradezu verrückt, wenn ihr Baby einschläft, weil Staubsauger, Fön oder andere gleichmäßig rauschende Geräte eingeschaltet sind. Nicht selten unternehmen gestresste Eltern eine Autofahrt mit ihrem schreienden Baby, das durch die damit verbundenen Vibrationen und Geräusche so sehr beruhigt wird, dass es einschläft.

In seinem Buch *Klangwelt Mutterleib* schildert Alfred Tomatis, der als Wegbereiter der Musik- und Klangtherapie gilt, wie ein Ungeborenes »hört«. So haben Experimente gezeigt, dass Schwingungen vor allem über die Knochen der Mutter zum Fetus gelangen, wobei das mütterliche Becken einen Resonanzkörper bildet.

Das Kind drückt seinen Kopf gegen die hintere Gebärmutterwand, um eine Knochenschwingung aufzuspüren. Es drängt sich zum unteren Ende des Rückens hin, dort, wo die Wirbelsäule endet. Um den achten Schwangerschaftsmonat wird sein Bedürfnis nach Kommunikation mit der Mutter noch größer, und es senkt sich zum Beckeneingang hinab [...], der einen extrem starken Resonanzkörper bildet. (Tomatis, 171)

Während seines intrauterinen Lebens hatte das Ohr seine Sternstunde. Seine Anpassung an die Welt der Luft hingegen vollzieht sich mit Schwierigkeiten. Bis zum zehnten Lebenstag behält das Neugeborene Klangverhältnisse bei, die denen seines fetalen Lebens sehr ähnlich sind. Danach, wenn das Fruchtwasser aus dem Mittelohr verschwindet, tut sich eine Kluft auf. Alles verstummt. Das Baby stürzt dann in ein Universum der Stille [...]. Um das ganz von der Stimme seiner Mutter durchdrungene klangliche Universum wiederzufinden, das ihm während seiner Reise im Uterus so vertraut war, muss es horchen lernen, damit der Dialog mit der, die ihm das Leben geschenkt hat, wieder aufgenommen werden kann. (Tomatis, 115)

In einem fahrenden Auto spürt das Neugeborene die Vibrationen direkt an seinem Körper, nimmt aber gleichzeitig deren Schwingungen über das Außenohr wahr. Es klingt paradox, aber durch diese Verbindung entsteht gewissermaßen eine Brücke zwischen vor- und nachgeburtlicher Wahrnehmung.

Ganz intuitiv wandte ich minimal schwankende rasche Bewegungen (Vibrationen) an, wenn Jana eindringlich schrie und kaum mehr zu erreichen war. Mit der Stimme können Sie leichte Vibrationen durch geringe Lautstärkeschwankungen erzeugen, während Sie Ihr Baby im Arm halten und an sich drücken. Meine Tochter hat sich auf diese Weise oft beruhigen lassen.

Dass die Umfunktionierung technischer Geräte zum Beruhigungsmittel in größter Not eine Hilfe sein kann, ist unbestritten. Ich verstehe diesen Weg jedoch als Überbrückungsmaßnahme, weil das Baby unter vorübergehenden Anpassungsschwierigkeiten leidet. Wer bereit ist, ein Kind zu gebären und loszulassen, wird auch fähig sein, die Gefahren von Sucht und Gewohnheit rechtzeitig zu erkennen und entsprechend zu handeln.

Monotone Geräusche, wie sie durch Elektrogeräte (Fön, Staubsauger, Waschmaschine ...) erzeugt werden, haben oft eine beruhigende oder gar schlaffördernde Wirkung. So schlafen manche Babys besonders leicht, während sie im fahrenden Auto transportiert werden. Auf natürlichem Wege können Sie mit der Stimme leichte Vibrationen erzeugen, während Sie Ihr Kind festhalten, um mit ihm Kontakt aufzunehmen.

Schaukelnde und wippende Bewegungen

Mit zunehmender Erfahrung gewann ich den Eindruck, als dürften alle schaukelnden und wippenden Bewegungen nicht allzu monoton und gleichmäßig sein, um meine Tochter zu beruhigen. Wie beim Laufen musste es immer geringe Abweichungen und Überraschungsmomente geben. Während in einer Wiege nur eine Bewegungsrichtung möglich ist, wobei Tempo und Stärke des Schaukelns variabel sind, gibt es beim Laufen ein ständig schwankendes Auf und Ab, Hin und Her, Reibungen durch Körperkontakt und leichte Lageveränderungen. Außerdem fühlte Jana sich in aufrechter Haltung ganz offensichtlich wohler, so dass unsere Ausflüge im Kinderwagen nur selten beruhigend wirkten, obwohl wir über Schlaglöcher und Maulwurfshügel liefen, um den Wagen ordentlich ins Schaukeln zu bringen. Hatte ich früher geglaubt, ein Baby solle möglichst ruhig gehalten und erschütterungsarm transportiert werden, fuhren wir nun mit unserer Tochter im Auto genussvoll über ausbesserungsbedürftige Nebenstraßen und Feldwege mit Schotterbelag.

Von einem ähnlich beruhigenden Effekt berichteten Mütter, die sich mit ihrem Baby auf einen *Gymnastikball* setzten und dabei leicht auf- und abwippten. Solche Bälle werden nicht nur zur Entspannung bei Schwangerschaft und Geburt eingesetzt – als alternatives Sitzmöbel helfen sie vor allem von Rückenschmerzen geplagten Menschen, durch ständige Balanceakte eine aufrechte Haltung zu bewahren.

Wir kamen auf die Idee, Florian auf ein Kissen zu betten und mit ihm auf dem Gymnastikball zu wippen, bis er eingeschlafen war. Mit dem Kissen haben wir ihn dann in die Wiege gelegt. *S.H.*

Auch in einer *Hängematte*, die zugleich als Schlafplatz dient, lassen sich viele Babys beruhigen:

In den wöchentlichen Therapiestunden bei der Krankengymnastin machten wir die erstaunliche Feststellung, dass Schaukeln in einer Hängematte unser Kind in besonderem Maße beruhigte. Wir legten uns sofort eine zu und schafften es sogar, Winnie so weit zu beruhigen, dass sie einen längeren Mittagsschlaf hielt. *A.K.-S.*

Im Allgemeinen wird empfohlen, das Baby an einen festen Schlafplatz zu gewöhnen und nicht während des Schlafens umzubetten. Viele Eltern kennen die Situation, dass ihr Kind beim Getragenwerden einschläft, aber aufwacht, sobald sie es ablegen. Vielleicht haben Sie ja Glück, und Ihr Baby schläft nach einigem Schaukeln in der Hängematte ein. Meine persönlichen Erfahrungen sind in dieser Hinsicht weniger vorbildlich, da meine Tochter sich weder durch einfaches Wiegen noch Kinderwagenschieben beruhigen ließ. Wie im Vorhergehenden beschrieben, nutzte ich deshalb ein Lammfell als vertraute Unterlage, um Jana damit von meinem Bauch herunterziehen zu können. Anschließend baute ich ein Nest aus Kissen um sie herum, damit sie sich im großen Bett geborgen fühlte, und blieb grundsätzlich in ihrer Nähe.

In der Praxis haben sich hängende und schaukelnde Schlafplätze bewährt, in denen Babys leichter zur Ruhe kommen. Auch sanftes Auf- und Abwippen, z.B. mit Hilfe eines Gymnastikballs als Sitzplatz, fördert die Beruhigung und Entspannung eines Säuglings.

Massagen und Gymnastik

Ohne dass Sie dafür einen speziellen Kurs besucht haben müssten, massieren Sie Ihr Baby meist ganz intuitiv, wenn Sie es streicheln, mit Öl oder Hautcreme einreiben, an- und ausziehen, wickeln oder baden. Bei uns wurde die traditionelle indische *Babymassage* vor allem durch den Geburtshelfer und Frauenarzt Frédérick Leboyer und sein Buch *Sanfte Hände* bekannt. Einige Institutionen wie

Krankenkassen, Volkshochschulen, Stillgruppen oder Mütterzentren bieten darin sogar erfolgreich Kurse an. Wenn Sie das Glück haben, ein solches Angebot in Ihrer Nähe wahrnehmen zu können, sollten Sie sich von Ihrem schreienden Baby nicht daran hindern lassen; es wird sich vielleicht unter Gleichaltrigen wohl fühlen und die Abwechslung genießen.

Nach langem Herumsuchen fand ich jemanden, der einen Babymassagekurs durchführte. Völlig übermüdet, bange, ob ich überhaupt aufnahmefähig sein würde, fuhr ich hin. Und – welch Wunder – in der darauf folgenden Nacht hatte Lorenz fast keine »Koliken« mehr. Zuerst traute ich der Sache nach unseren vielen Fehlversuchen nicht, führte aber täglich morgens und abends eine Ganzkörpermassage durch. So erlebten wir nach fünf Wochen Schlafmangel endlich wieder friedlichere Nächte. *R.G.*

Natürlich können Sie auch eines der vielen angebotenen Bücher zu Rate ziehen, wenn Sie Ihr Baby massieren möchten. Zur Entspannung und speziell bei Bauchschmerzen reichen manchmal schon wenige Handgriffe aus, die sich in Verbindung mit einem Bad, dem täglichen Wickeln sowie An- und Ausziehen leicht durchführen lassen. Wichtig sind dabei eine angenehme Raumtemperatur (24 bis 26° C), gedämpftes Licht und die Dauer (nicht länger als 10 Minuten). Massieren Sie Ihr Kind nur dann, wenn Sie wirklich das Bedürfnis und die nötige Ruhe dafür haben; ansonsten könnten Sie es eher erschrecken als beruhigen. Außerdem sollten Sie Ihr Baby nicht unmittelbar nach einer Mahlzeit massieren, wenn es Hunger hat oder müde ist. Als Gleitmittel eignen sich süßes Mandelöl, aber auch Distel-, Sonnenblumen- oder Olivenöl, einfaches Babypflegeöl oder Talkumpuder.

Leboyer empfiehlt, ein Kind erst vollständig zu massieren, wenn es etwa einen Monat alt ist, und es nicht am Bauch zu berühren, »solange der Nabel noch nicht geheilt ist. Und am

Anfang sollte es mehr ein sanftes Streicheln sein als eine richtige Massage« (Leboyer, 97). Bei der Massage sollte die Mutter auf dem Boden sitzen, während das Baby auf ihren mit einem Tuch bedeckten ausgestreckten Beinen liegt, so dass beide einander ansehen können.

Bei Bauchschmerzen wird häufig empfohlen, mit den Fingerspitzen im Uhrzeigersinn kleine Kreise um den Nabel herum zu beschreiben. Leboyer stellt eine andere Technik vor:

Deine Hände massieren im Wechsel den Bauch. Sie beginnen unter der Brust und streichen abwärts zu dir hin. Eine nach der anderen. Als wolltest du den Bauch entleeren. Jetzt ergreifst du mit deiner Linken die Füße des Babys und streckst seine Beine nach oben aus. Auf diese Weise entspannt sich der Unterleib, und deine Massage geht tiefer. (Leboyer, 49-50)

Da es sich nicht immer und mit Sicherheit um Bauchschmerzen handelt, wenn ein Kind schreit, sind alle Massagetechniken, die der allgemeinen Entspannung dienen, wohltuend und beruhigend, wenn sie im Einklang mit Ihrer und der Stimmung des Babys durchgeführt werden.

Gute Erfahrungen haben manche Eltern von Schrei-Babys mit dem Besuch bei Krankengymnasten gemacht, für deren Therapiestunden Ihr (Kinder-)Arzt ein Rezept ausstellen kann. Durch das lange und häufige Schreien nehmen Kinder meist eine verkrampfte Haltung an, so dass Verspannungen zu einer Steigerung des Missbefindens beitragen. In diesem Zusammenhang möchte ich auch die *Chiropraktik* erwähnen, eine »Wirbelsäulentherapie«, bei der durch gezielte Handgriffe Verschiebungen der Wirbel gerichtet und damit verbundene Verspannungen und Schmerzen gelöst werden.

Wir ließen unsere Tochter von einem Chiropraktiker untersuchen, der uns erklärte, dass sie eine Verspannung im Rücken hätte. Man konnte den Knoten regelrecht fühlen. Nach jeder etwa zehnminütigen Sitzung, bei der eine Art Druckmassage angewendet wurde, besserte sich der Zustand von Irina. Vier Besuche beim Chiropraktiker reichten aus, und die »Koliken« waren vorbei. *A.S.-M.*

So vielfältig die Ursachen für das Schreien eines Babys sein können, so unterschiedlich wirken all die inzwischen erwähnten Behandlungsmethoden.

Unabhängig von den vermuteten Ursachen für übermäßiges Schreien, können sanfte Massagen zu Wohlbefinden und Entspannung Ihres Babys beitragen. In Verbindung mit alltäglichen Tätigkeiten wie Wickeln, Baden, An- und Ausziehen ist auch intuitives Streicheln oder Einreiben mit Öl eine gute Möglichkeit, um mit Ihrem Kind besinnlich ins Gespräch zu kommen. Durch spezielle, altersgerechte Spiel- und Bewegungsübungen können Sie den körperbetonten Umgang mit Ihrem Baby ausbauen.

Medikamente

Da häufig davon ausgegangen wird, dass Babys übermäßig viel schreien, weil sie unter Blähungen leiden, verschreiben viele Kinderärzte Tropfen zur Auflösung von Schaumbläschen, die sich beim Milchtrinken bilden und in den Magen gelangen. Lefax oder sab simplex   stehen in den meisten Arzneischränkchen blähungs- bzw. schreigeplagter Familien, aber zu Recht zweifeln Eltern bald an ihrer Wirkung und glauben, es handele sich um ein Placebo zu ihrer eigenen Beruhigung. Aus der Mehrzahl der diesem Buch zu Grunde liegenden Berichte geht hervor, dass die Eltern in Verbindung mit der Gabe von sab simplex   oder Lefax keine Wirkung auf das Schreien ihrer Babys beobachten konnten.

[Es] wurden starke Placeboeffekte in den pharmakologischen Studien gefunden, die auf psychologische Faktoren der Eltern, d.h. Erwartungseffekte gegenüber der Wirksamkeit von Pharmaka für die Behandlung von Schreiproblemen hinweisen [...]. Dies bedeutet, dass viele Eltern über eine bedeutende Reduzierung des Schreiens berichten, obwohl ihre Kinder nur ein Placebo verabreicht bekamen. (Wolke, 180)

Von dem Medikament *Dimeticon* (Dimethylpolysiloxan), das in den Präparaten Lefax und sab simplex enthalten ist, sind bisher keine nennenswerten Nebenwirkungen bekannt. Wenn Sie den Eindruck haben, dass Blähungen die Ursache für das Schreien Ihres Babys sind oder dass sie als Folgeerscheinung zu einer starken Verschlimmerung der Unruhe führen, könnten entschäumende Medikamente durchaus hilfreich sein. Probieren Sie es einfach aus, aber vermeiden Sie zu hohe Erwartungen.

Starke Zurückhaltung ist dagegen bei der Anwendung beruhigender Medikamente (Sedativa) geboten:

Die medikamentöse Sedation eines Säuglings ist ein unsympathisches und oft auch schwieriges Unterfangen. Um eine Wirkung zu erreichen, sind oft so hohe Dosen notwendig, dass auch die Wachaktivität beeinflusst wird. Dies ist in einer wichtigen Phase der Hirnentwicklung zweifellos unerwünscht. *Benzodiazepine* können in dieser Altersgruppe paradoxe Wirkungen zeitigen. *Phenobarbital* hat eine sehr lang dauernde Wirkung (Plasmahalbwertzeit bei Kindern: 50 Stunden oder länger) und verursacht eine ganze Reihe von unerwünschten Wirkungen. *Phenobarbital* eignet sich deshalb nicht zur Behandlung eines prinzipiell gutartigen Problems. *Chloralhydrat* wirkt viel weniger lange und kann eventuell einmal als Mikroklistier eingesetzt werden. (Schubiger, 30-31)

Das Medikament *Phenobarbital* ist in dem Präparat Luminaletten enthalten, das von einigen Kinderärzten zur Ruhigstellung schreiender Säuglinge verschrieben wird. Obwohl viele Eltern von sich aus die Gabe solcher Beruhigungsmittel ablehnen, gelingt es ihnen nicht immer, diese Einstellung zu vertreten, sei es aus Unsicherheit, Unwissen oder Angst vor einer abweisenden Reaktion des behandelnden Arztes.

Bei dem Besuch eines Kinderarztes wurde Winnie ein Beruhigungsmittel verschrieben. Ein befreundeter Apotheker warnte mich vor diesem Medikament, da es selbst im Körper eines Erwachsenen schwer abbaubar sei. Als ich dem Kinderarzt diese Bedenken schilderte, antwortete er: »Wenn Sie sich erkundigen, dann ist das Ihr Problem!« und verließ den Raum. *A.K.-S.*

Wenn Ihr Arzt keine Bereitschaft zeigt, Ihre Fragen zu beantworten, sollten Sie ihn besser wechseln.

Phenobarbital wird auch mit einigen krampflösenden Medikamenten, sog. Spasmolytika, kombiniert:

Spasmolytika werden in der Annahme eingesetzt, es lägen Spasmen der glatten Darmmuskulatur vor. [...] Viele sog. Spasmolytika-Kombinationen enthalten Phenobarbital; es ist anzunehmen, dass eine mögliche Wirkung bei Säuglingskoliken am ehesten dieser Barbiturat-Komponente zuzuschreiben ist. [...] Sicher kann bei all diesen spasmolytischen Präparaten *nicht* grundsätzlich angenommen werden, sie seien harmlos. Vor einer freizügigen Selbstverordnung durch die Eltern muss deshalb gewarnt werden. Wir konnten z.B. kürzlich zwei Säuglinge mit anticholinergisch ausgelöster Blasenlähmung beobachten, die mit zu hohen (nach Packungsart allerdings korrekten) Pipenzolat-Dosen behandelt worden waren. (Schubiger, 31)

Das Medikament *Pipenzolat* ist neben Phenobarbital in dem Präparat Ila-Med   enthalten, welches in Zusammenhang mit »Säuglingskoliken« häufiger verschrieben wird.

Medikamente werden von den Eltern oft gar nicht gewünscht. Wenn unumgänglich, soll man sich primär auf die harmlosen, den Meteorismus bekämpfenden Mittel beschränken. Sedativa und Spasmolytika sollen *nur* in speziellen Situationen für höchstens 7 bis 14 Tage eingesetzt werden. (Schubiger, 32)

Durch die Annahme, dass Blähungen bzw. Koliken zu unstillbarem Schreien führen, werden häufig entblähende, krampflösende oder schmerzlindernde Medikamente verschrieben. In manchen Fällen empfiehlt ein Kinderarzt sogar Beruhigungsmittel, deren Gabe jedoch von den meisten Eltern abgelehnt wird. Im Zusammenhang mit übermäßigem Schreien, dessen Ursache nicht genau bekannt ist, sind Medikamente selten hilfreich. Entschäumende Präparate wie Lefax® oder sab simplex® können versuchsweise gegeben werden, um Blähungen zu vermindern.

Mittel der Naturheilkunde und Homöopathie

Der Trend zu alternativen Heilmethoden und die wachsende Bereitschaft, schulmedizinische Praktiken zu hinterfragen, macht sich auch im Verhalten von Eltern übermäßig schreiender Babys bemerkbar. In ihrer Verzweiflung öffnen sich viele Eltern neuen Methoden, denen sie bisher eher skeptisch gegenüber standen.

Erfolgsmeldungen von Müttern, die ihr Baby durch die Gabe homöopathischer Mittel beruhigen konnten, verführen viele Hilfesuchende zu überhöhten Erwartungen. Heilpraktiker sind ebenso wenig Wunderheiler wie Schulmediziner Götter. Keiner von ihnen kennt ein zweifellos verträgliches Universalmittel gegen »Koliken«. So schwer es Ihnen in der Not fallen mag: Haben Sie keine zu hohen Erwartungen, auch wenn Arzt und Heilpraktiker Ihnen sympathisch sind.

Eine *homöopathische Behandlung* bezieht sich immer auf den ganzen Menschen und seine individuelle körperliche, seelische und geistige Verfassung. Während das eine Kind vielleicht durch die Einnahme von Chamomilla D 12 weniger unter Zahnschmerzen leidet, muss das gleiche Mittel nicht die Zahnschmerzen jedes anderen Babys lindern. Homöopathische Mittel sind keine ausschließlich symptombezogenen Medikamente, werden aber häufig als solche behandelt und entsprechend falsch eingesetzt.

Naturheilkunde ist nicht gleich Homöopathie, d.h., Fencheltee ist zwar ein Naturprodukt, aber kein homöopathisches Mittel. Die Wirkungsweise der Homöopathie (aus dem Griechischen: homoios = ähnlich, pathos = Leiden) beruht auf dem Leitsatz »Ähnliches wird durch Ähnliches geheilt«. Dabei geht es nicht darum, Symptome mit Gegenmitteln zu unterdrücken, sondern die körpereigenen Abwehrkräfte zu mobilisieren. Selbstverordnungen ohne Grundwissen und Erfahrung sind dabei kaum sinnvoll. In jedem Fall sollten Sie beachten, dass Säuglinge und Kinder keine alkoholischen Lösungen verabreicht bekommen. Für diese sind homöopathische Mittel in Form von kleinen Kügelchen (*Globuli*), Milchzuckerverreibungen (*Trituration*) und *Tabletten* geeignet. Außerdem gibt es homöopathische Arzneien in Form von Zäpfchen, Salben, flüssigen Einreibemitteln und Kapseln.

Speziell für Säuglinge und Kinder gibt es auch Kombinationspräparate wie z.B. Viburcol , das von einigen Kinderärzten bei Blähkoliken, Unruhezuständen verbunden mit Weinerlichkeit und Schlaflosigkeit sowie Zahnungsbeschwerden verschrieben wird. Auch Kümmelzäpfchen (Carum carvi comp.) können Sie ausprobieren. Am besten wäre jedoch die Hinzuziehung eines erfahrenen und versierten Heilpraktikers oder Homöopathen, der sich ein genaues Bild von dem Befinden Ihres Babys und seiner individuellen Verfassung machen kann, um daraufhin die geeigneten Mittel zu wählen.

Von der betreuenden Hebamme bekamen wir homöopathische Mittel, die nichts nutzten, und sie empfahl uns, zu einem Homöopathen zu gehen. Dieser verschrieb meiner Tochter Magnesium carbonicum C 200. Danach gingen die »Koliken« so weit zurück, dass sie nur noch etwa eine Stunde stöhnte. Nach zwei Tagen ging ich wieder zum Homöopathen, der nun

Phosphor C 200 verschrieb. Danach war Anja wirklich von den »Koliken« befreit. *R.Q.*

Bitte bedenken Sie bei der Einbeziehung homöopathischer Methoden, dass sie nur *eine* Möglichkeit der Behandlung bieten; sie erheben nicht den Anspruch, Allheilmittel zu sein, sondern sind durchaus auch als Ergänzung zu verstehen und anzuwenden.

Neben homöopathischen Mitteln haben sich bei einigen unruhigen Babys auch einfache *Naturheilmittel* bewährt. Gegen Blähungen und Verdauungsstörungen werden vor allem Kümmel, Fenchel und Anis eingesetzt. Diese Kombination gibt es als fertige Teemischung in der Apotheke. Sie können Kümmel, Fenchel und Anis aber auch selber mischen und mit einem Mörser zerdrücken. Nur wenige Eltern haben von einer beruhigenden Wirkung durch die Gabe solcher Tees berichtet, doch immerhin scheinen sie in manchen Fällen zu helfen. Stillende Mütter können den Tee auch selber trinken oder die Pflanzensamen in anderer Form zu sich nehmen:

Eine Arbeitskollegin gab mir den Rat, jeden Morgen ein bis zwei Teelöffel Kümmel zu essen. Es war kaum zu glauben: Nach drei oder vier Tagen hatten wir Ruhe. Laura schlief besser, und in unser Familienleben kehrte »Normalität« ein. *A.H.*

Bei Flaschenernährung können Sie das Milchpulver auch mit Tee zubereiten:

Ich rührte Mareikes Mahlzeiten mit Fenchel-Kümmel-Anis-Tee an. Binnen einer Woche war sie von den Schmerzen befreit. Den abgekochten Tee hielt ich in der Thermoskanne warm, so dass ich das Fläschchen schnell zubereiten konnte. *M.K.*

Die Hebamme und Autorin Ingeborg Stadelmann empfiehlt bei Blähungen, den Babys vor der Mahlzeit einen Teelöffel Fenchel- und Kümmelaufguss anzubieten, und rät stillenden Müttern, Kümmel-, Fenchel- und Lorbeertee zu trinken. Neben dieser inneren

Anwendung beschreibt sie »eine Bauchmassage mit dem *Vier-Winde-Öl*, das aus einer Mischung aus Anis, Fenchel, Koriander und Kümmel in Mandelöl besteht«:

Diese Massage darf nur (!) im Uhrzeigersinn durchgeführt werden und am besten bereits schon beim Wickeln vor der meist üblich einsetzenden Blähungszeit. Während der Blähungsphase kann man diese Massage vielleicht noch einmal wiederholen oder das Öl als feucht-warme Bauchkompresse oder emulgiert in Honig, Salz oder Sahne als entspannenden krampflösenden Badezusatz anwenden. (Stadelmann, 300)

Im Rahmen einer *Aromatherapie* können Sie die ätherischen Öle aus Anis, Fenchel, Koriander und Kümmel einzeln oder miteinander kombiniert in eine Duftlampe geben; für Kinder reicht die Hälfte der üblichen Dosierung. (Stadelmann, 300)

Das bei Blähungen und Verdauungsstörungen häufig empfohlene pflanzliche Kombinationspräparat Carminativum-Hetterich N ist für Säuglinge weniger geeignet, da es 34 Vol.-% Alkohol enthält. Zudem berichten die meisten Eltern selten von einer lindernden Wirkung dieses Präparats.

Homöopathische Mittel sind keine symptombekämpfenden Medikamente. Ihre Wirkungsweise beruht auf dem Leitsatz »Ähnliches wird mit Ähnlichem geheilt«, indem körpereigene Abwehrkräfte mobilisiert werden. Dabei wird auch die allgemeine Verfassung (Konstitution) des Patienten berücksichtigt. Selbstverordnungen führen deshalb oft zu einem unbefriedigenden Ergebnis, wenn umfassende Grundkenntnisse und Erfahrungen im Umgang mit homöopathischen Mitteln fehlen. Die Hinzuziehung eines erfahrenen Homöopathen ist daher empfehlenswert.

Auch pflanzliche Naturheilmittel wie Kümmel, Fenchel und Anis, die als Tee von der stillenden Mutter eingenommen oder dem Baby direkt gegeben werden, haben sich in einigen Fällen bewährt. Auf alkoholhaltige Präparate sollten Sie besser verzichten.

Sanfte Beruhigungs- und Einschlafhilfen

Aktivitäten, die das eine Baby beruhigen, können bei einem anderen zu einer Überreizung führen. Das richtige Maß zwischen anregenden und beruhigenden Tätigkeiten finden Sie am besten, wenn Sie Ihre eigenen Gefühle wahrnehmen. Überdruss, Kraftlosigkeit, Wut und Hass sind deutliche Alarmzeichen, dass Sie von sich aus Grenzen setzen müssen. Keinem Kind ist geholfen, wenn die Mutter seinem Schreien erliegt und sich grenzenlos aufopfert, um zum verlängerten Hebel seiner Unruhe zu werden. Hinterfragen Sie so oft wie möglich die Intention Ihrer Handlungen: Glaube ich wirklich daran, dass mein Handeln zur Beruhigung meines Babys führt? Oder laufe ich eher ziellos mit ihm herum, weil ich mich abreagieren möchte?

So ist es nicht in jedem Fall notwendig, ein unruhiges, schreiendes Baby herumzutragen, zu wippen oder zu schaukeln. Manchmal möchte es vielleicht einfach nur in seinem Bett liegen und in Ruhe gelassen werden.

Ein zunächst friedliches, fröhliches Kind, das dann auf dem Arm zu schreien beginnt, teilt übrigens nicht immer Schmerz, sondern auch einmal den Wunsch nach Bettruhe mit. Ich weiß, dass viele Eltern tatsächlich erst als Mehrfacheltern das Schreien des Babys mit Ablegen in sein Bett beantwortet haben und als Erfolg ein einschlafendes Kind erleben konnten. [...] Manche Kinder schalten ihr Schreien ab wie einen Lichtschalter, drehen ihr Köpfchen zur Seite und schlafen ein. (Stadelmann, 198)

Es kommt auch vor, dass ein Baby im Schlaf weint, sich aber nach einigen Minuten von selbst wieder beruhigt. Deshalb sollten Sie zunächst eine Weile zuhören, um herauszufinden, *wie* das Kind weint. »Wenn das Baby wach ist und gehalten werden will, dann wird es bald laut und anhaltend weinen. Schläft das Kind jedoch und weint nur für einen Moment, dann wird das Weinen leiser werden und schließlich verstummen.« (Taubman, 62)

Wenn Ihr Baby nicht abschalten kann, obwohl es müde ist, und Sie den Eindruck haben, es möchte seine Ruhe haben, wirken sanfte Beruhigungsmethoden besser als anstrengendes Herumtragen, wofür ich im Folgenden noch einige Mittel und Möglichkeiten vorstellen möchte:

Der *Schnuller* bzw. *Beruhigungssauger* wird zu Unrecht von vielen Menschen verachtet:

Wie viele andere Vorurteile, so stützt sich auch das über den Schnuller auf schlichte Unkenntnis. Schnuller sind überhaupt nicht schädlich; sie sind eine einfache und schnelle Antwort auf das physiologische Bedürfnis des Kindes, an etwas zu saugen. [...] Immer wieder kommen Familien zu mir, die darüber klagen, ihr Baby leide an Bauchweh, und sich dabei überhaupt nicht bewusst sind, wie wichtig das Saugen für den Säugling ist. Wenn ich diesen Familien [...] empfehle, neben den anderen Schritten zur Befriedigung der Nöte des Kindes auch einen Schnuller zu benutzen, dann legt sich das übermäßige Weinen bald. (Taubman, 65-66)

Vielleicht lehnt Ihr Baby einen Schnuller ab und möchte auch nicht an Daumen oder Fingern saugen. Meine Tochter nahm den Schnuller erst nach mehrmaligem Anbieten, saugte aber bis dahin gerne an einer Teeflasche, ohne zu trinken. Daran merkten wir, dass Saugen sie beruhigte.

Wenn die turbulente Schreizeit am Abend überstanden war und Jana erschöpft, aber weiterhin unruhig wirkte, schlief sie manchmal ein, während ich neben ihr lag und sanft ihre Schläfe, Wange oder Hand streichelte. Dabei sprach ich leise langgezogene Wörter und sang ruhige Lieder. Auch heute noch lege ich bei Einschlafproblemen zeitweise meine Hand auf Janas Ohr oder Augen, wenn ihre Lider zufallen wollen, aber nicht können. Das *Handauflegen* dämpft die Reizaufnahme, schirmt ab und vermittelt zugleich Geborgenheit. Ist Jana »verzappelt«, lege ich meinen Arm um ihren Körper und drücke sie fest an mich.

Der *Schlafplatz* ist ähnlich wie der Schnullergebrauch ein diskussionsförderndes Thema. Soll das Baby in seinem eigenen oder im Bett der Eltern schlafen? Was passiert, wenn die Eltern unter sich sein wollen? Wird das Kind mit zehn Jahren noch auf das Bett der Eltern bestehen, weil es verwöhnt ist?

In der westlichen Welt müssen wir uns ernsthaft fragen, ob unser Umgang mit dem Säugling seinem Bedürfnis nach Sicherheit und Geborgenheit gerecht wird. Mindestens ein Teil der Kinder scheint für ihr körperliches und psychisches Wohlbefinden auf einen ausgedehnten Körperkontakt angewiesen zu sein während des Tages, aber auch in der Nacht. [...]

Nach wie vor ist die Angst weit verbreitet, dass der Säugling im elterlichen Bett erdrückt werden oder ersticken könnte. Diese Befürchtungen lassen sich entkräften: Filmaufnahmen zeigen, dass Kind und Eltern sich im Schlaf so bewegen, dass es nie zu einer bedrohlichen Situation für das Kind kommt. Gefährlich kann es für einen Säugling dann werden, wenn das Reaktionsvermögen der Eltern beeinträchtigt ist, beispielsweise wegen Alkoholgenusses oder der Einnahme von Schlaftabletten. [...]

Wie sollen Eltern ihr Kind und sich selber betten? Ich meine, es liegt an den Eltern herauszufinden, welche Schlafsituation ihrem Kind und ihnen selbst am besten entspricht. (Largo, 163-165)

Ich glaube, wir haben die Schlafprobleme unserer Tochter vor allem durch unsere ständige Anwesenheit gelöst, sei es am Tage oder in der Nacht. Nach einigen Monaten entschlossen wir uns schließlich zur »Arbeitsteilung«: Eine Nacht schlief ich, die nächste mein Mann neben ihr im großen Bett. Ein anderes Zimmer richteten wir als Ausweichquartier her. Die Lage entspannte sich dadurch sehr: Jeder von uns wusste, dass nach einer unruhigen mit Sicherheit eine ungestörte Nacht folgen würde. Dass wir selbst genügend Schlaf fanden und uns zurückziehen konnten, gab uns auch neuen Platz füreinander.

Mit etwa einem Jahr schlief Jana nachts so fest, dass sie nur noch selten aufwachte. Wir brauchten nun nicht mehr die ganze Zeit neben ihr zu liegen und konnten sie stundenweise alleine im Zimmer lassen. Wachte sie auf, genügte meist kurzes Zureden und ein wenig Streicheln, dass sie wieder einschlief. Sie wusste ja aus Erfahrung, dass wir ständig in der Nähe waren, und brauchte nicht zu weinen.

Alternativ können Sie neben dem Elternbett einen separaten Schlafplatz für Ihr Baby einrichten: je kleiner, desto besser! Die üblichen »mitwachsenden« Kinderbetten sind für viele Babys bereits zu groß; sie benötigen eine eng umschlossene Hülle, um sich geborgen zu fühlen: Tragetasche, Kinderwagenaufsatz oder Wäschekorb mit »Dach« (Tuch, Wiegenhimmel ...). Auch festes Wickeln in eine Decke kann Ihrem Kind die vertraute Enge eines gemütlichen Nestes vermitteln.

Vielleicht mag Ihr Baby ein Wäschestück mit dem Geruch seiner Mutter. Ein Lamm- oder Schaffell als transportable Unterlage hat sich ebenfalls bewährt.

Schließlich möchte ich noch die *Umgebungsfarben* erwähnen, welche durchaus Einfluss auf das Befinden eines Babys haben. Grelle und leuchtende Farben vermögen die Aufmerksamkeit junger Kinderaugen wohl zu wecken, aber beruhigend wirken knallrote Bettwäsche oder ein leuchtend orangefarbener Stoff als Wiegenhimmel eher nicht. Die Muster bunter Tapeten und Stoffe für Kinder sind oftmals so überladen, dass Entspannung bei ihrem Anblick äußerst schwer fällt.

Die Krankenschwestern haben uns einige praktische Tipps gegeben:

1. Schnuller in Traubenzucker tauchen, niemals in Honig. Das Kind lässt sich mit Traubenzuckerschnuller sehr schnell beruhigen. Vor allem dann, wenn es den Schnuller vor lauter Brüllen schon gar nicht mehr wollte.

2. Es ist logisch, dass Sie Ihr Kind nicht schreiend liegen lassen können. Allerdings sollte man versuchen, es auf dem Arm nicht mit zu viel Aktivität zu belasten, sondern nur durch leichtes Wiegen und die Körpernähe zu beruhigen. Dann muss man sich selber allerdings, so gut es geht, mit etwas anderem beschäftigen.

3. Wenn man wegen eines schreienden Kindes sowieso nichts zu Stande bringt, verführt das sehr, zu viel Radio zu hören oder fernzusehen. Allerdings ist dies ein weiterer »aufregender« Aspekt für ein Baby. Es hört die Stimmen aus Radio oder Fernsehen, weiß aber nicht, woher sie kommen, und fürchtet sich. *M.G.*

Im Umgang mit einem schreienden Baby fällt es schwer, Ruhe zu bewahren. Die eigene Erregung verführt leicht zu hektischen Tätigkeiten, wodurch Schlaf- und Schreiprobleme unter Umständen gefördert werden. In diesem Sinne ist es wichtig, hören, beobachten und warten zu lernen, um die Signale des Kindes nicht durch vorschnelles Eingreifen misszuverstehen. Manche Babys weinen im Schlaf, ohne wirklich aufzuwachen, oder sie möchten einfach ihre Ruhe und schlafen in ihrem Bettchen ein, nachdem sie eine Weile geschrien haben. Auch das Bedürfnis, an einem Schnuller oder Finger zu saugen, sollte ohne Bedenken zugelassen werden.

Entgegen häufig geäußerten Erziehungsratschlägen können Sie Ihr Baby auch in Ihrem Bett schlafen lassen. Anwesenheit und Nähe eines vertrauten Menschen helfen vielen Kindern, die vielleicht weinten, weil sie sich einsam fühlten. Zudem erspart es häufiges Aufstehen.

Die nötige Nestwärme wird vor allem durch räumliche Enge, einen kleinen, spürbar umgrenzten Schlafplatz vermittelt, dessen Umgebung Ruhe ausstrahlt.

... wenn die Zähne drücken

Kaum sind die ersten Monate der Unruhe und Schlaflosigkeit überstanden, werden manche Babys erneut in ihrem Wohlbefinden gestört, weil die Zähne drücken. Das Zahnen und seine Folgen wird von Eltern, Ärzten und Autoren ähnlich unterschiedlich beurteilt wie Blähbäuche oder Schlafprobleme. Werden auf der einen Seite schmerzlindernde Mittel vorgestellt, behaupten andere, Zahnen verlaufe ohne Beschwerden; das Kind sei nur irritiert, weil es seine neuen Beißwerkzeuge als Fremdkörper empfindet. Der Grund für solche Unstimmigkeiten liegt nahe: Kein Baby ist wie das andere, jedes reagiert auf seine Weise – sensibel und quengelig oder schmerzfrei und fröhlich mit allen möglichen Varianten.

Schmerzlindernde oder beruhigende Behandlungen beim Zahnen sind weder aufwendig, noch schaden sie dem Baby. Lassen Sie sich also nicht verunsichern, und hören Sie auf Ihre innere Stimme, wenn Sie den Eindruck haben, dass Ihr Kind unter dem Druck seiner Zähne leidet.

Während Sie das Zahnfleisch Ihres Babys sanft massieren, spüren Sie möglicherweise, ob ein Zahn kurz vor dem Durchbrechen ist. Vielleicht ist das Zahnfleisch gerötet. Zusätzlich können Still- bzw. Trinkprobleme auf die ersten Zähne hinweisen. Vermehrter Speichelfluss und Herumbeißen auf Fingern, Spielzeugen, Schnuller oder Flaschensauger sind weitere Zeichen, allerdings kein sicherer Hinweis auf die ersten Zähnchen, da jedes Baby irgendwann beginnt, Gegenstände in den Mund zu nehmen und darauf herumzubeißen.

Das als *Zahnungshilfe* in fast jedem Supermarkt erhältliche Dentinox (Gel oder Tropfen) habe ich selbst einmal getestet, als einer meiner Weisheitszähne drückte. Örtlich eingerieben betäubt es den Schmerz (sofern vorhanden) auf angenehme Weise (natürlich kommt es auch vor, dass die Salbe einem Baby einfach nur schmeckt). Neben den üblichen *Beißringen* können Sie Ihrem Baby auch eine Veilchen- bzw. Zahnwurzel (Rhizoma Iridis tornatum pro infantibus) anbieten, die Sie in einer Apotheke bekommen.

Jana biss außerdem gerne auf einer Babyzahnbürste (mit Gumminoppen) herum, Möhren, gekühlten Tofustückchen oder Brotrinden. Äpfel eignen sich jedoch nicht, da größere Stücke davon leicht abbrechen und im Kehlkopf steckenbleiben können. Ein spezielles *Zahnungsöl* aus reinen ätherischen Essenzen (Nelke und römischer Kamille auf Jojobaölbasis) wurde zum Einmassieren auf die Wange des Babys entwickelt (Bezugsquelle im Anhang). Vielleicht helfen auch die bereits erwähnten Viburcol *-Zäpfchen* oder andere homöopathische Mittel.

Nach Abklingen der Unruhephase kommt es manchmal erneut zu Schlaf- und Schreiproblemen. Während einige Babys scheinbar ohne Beschwerden ihre ersten Zähnchen bekommen, bereitet es anderen größere Probleme, so dass sie zeitweise quengelig, unruhig und reizbar sind. Ob drückende Zähne zu vermehrtem Schreien führen, kann nur im Einzelfall geprüft werden, da nicht alle Kinder ihre Zähne »nach Plan« bekommen.

Zahnenden Babys kann geholfen werden, indem ihr Zahnfleisch mit schmerzlindernden Salben eingerieben und massiert wird. Das Kauen auf Brotrinden, Möhren, einer Veilchenwurzel, Babyzahnbürste, Beißringen, die im Kühlschrank gelagert werden, hat sich ebenfalls bewährt.

Den Alltag mit einem »Schrei-Baby« bewältigen

Angenommen, Mutter und Vater hätten rund um die Uhr Zeit, sich um ihr Baby zu kümmern, eine zusätzliche Kraft für den Haushalt und keine finanziellen Probleme – das Leben mit einem übermäßig schreienden Säugling bliebe dennoch eine enorme Herausforderung der seelischen und körperlichen Kräfte. Die Realität lässt solche Vorstellungen weit hinter sich: Irgendjemand muss für den Lebensunterhalt sorgen, in den meisten Fällen der Vater. Im Haushalt arbeitet die Mutter überwiegend alleine, und neben einem schreienden, schlaflosen Baby fordern häufig weitere Kinder ihre Aufmerksamkeit und Zuwendung. Alleinerziehende haben es doppelt schwer, wenn die materielle Versorgung nicht gesichert ist und alle Probleme auf einer Person lasten. Und selten bleiben Mütter und Väter eines Schrei-Babys von all den Sorgen verschont, die neben Krankheit und zwischenmenschlichen Konflikten unabhängig von ihrem Elterndasein auf sie zukommen.

Für einen Außenstehenden mag es übertrieben wirken, wenn eine Mutter von Selbstmord spricht oder dem Wunsch, ihr Kind zur Adoption freizugeben, weil sie sein Schreien nicht mehr erträgt. Viele Mütter empfinden sich als »Rabenmutter«, wenn sie von solchen Gedanken überfallen werden. Zudem plagen sie Hass- und Wutgefühle und die ständige Angst, die Beherrschung zu verlieren mit der Folge, ihr Kind zu misshandeln. Verlorene Selbstachtung, Depressionen und Aggressionen treiben in die Isolation. Tief greifenden Auseinandersetzungen mit verständnislosen Mitmenschen ist kaum eine Mutter gewachsen, deren Gefühlswelt aus den vertrauten Bahnen gerät. Der Rückzug endet dabei leicht in einer Sackgasse zwischen Selbstzerstörung und Resignation. Ein schreiendes Baby vermag – ohne Absicht – eine wahre Revolution auszulösen. Warum also wird so wenig darüber gesprochen?

Im Zusammenhang mit dem Problem des übermäßig schreienden Säuglings klagen viele Mütter über mangelnde oder unangebrachte Hilfe sowie boshafte Einmischungen durch nahe Verwandte, Freunde oder Bekannte. Ich denke, es reicht nicht aus, solches Verhalten mit Hilflosigkeit zu erklären, die wohl eher durch Sprachlosigkeit zum Ausdruck kommen müsste. Das Reden aber lenkt ab von der Wirklichkeit wie die Bilder im Fernsehen von der Realität. So deute ich die vielen »unnützen« Ratschläge als Ausdruck verschleierter Unsicherheit, die gleichfalls zu einer Verschlimmerung des Leidens beitragen, weil sie die Wirklichkeit missachten.

Meine Schwägerin ließ meist durchklingen, dass ich vielleicht »unfähig« wäre, Kinder zu erziehen – bis sie meine beiden Kinder übers Wochenende bekam, und siehe: Danach war sie viel verständnisvoller! Sie verstand, dass meine Wohnung nicht glänzte und ich nur mit Mühe ein Essen auf den Tisch brachte. All den Besserwissern sollte man die Kinder nur für einen Tag geben. Dann wüssten sie vielleicht, was wir Mütter erleben. *A.P.-M.*

Eine Kundin hat mich mal böse beschimpft, wie ich es wagen könnte, mit einem schreienden Kind so ruhig einzukaufen. Sie sagte, die Verkäuferinnen müssten schließlich arbeiten. Ich war so sprachlos, dass mir die Tränen kamen. *A.S.-D.*

Nach der Geburt kam eine Kinderschwester ins Zimmer, um mir mein Baby zu bringen. Ihre ersten Worte waren: »Ihr Kind schreit ja so!« Ich war sehr getroffen. In den nächsten Tagen hörte ich von verschiedenen

Schwestern: »Sie haben ein ganz schön nerviges Kind!« – »Mein Gott, ist das ein Schreihals!« – »Der macht alle anderen Kinder wach!« – »Haben Sie etwa während der Schwangerschaft geraucht oder getrunken?« (Habe ich niemals!) – »Ein schrecklicher Bursche. Springt immer gleich aus dem Hemd!« *M.S.*

So oder ähnlich sprechen »erwachsene« Menschen, die glauben, etwas von Kindern und ihren Bedürfnissen zu verstehen. Einerseits werden die Mütter beschuldigt, andererseits bietet kaum jemand seine tatkräftige Hilfe an und übernimmt zumindest stundenweise die Kinderbetreuung. Hinter solchen erniedrigenden Äußerungen stecken oft Aggressionen, die mit dem konkreten Problem des schreienden Babys kaum in Zusammenhang stehen. Vielleicht schrien die Kommentatoren sich einst selbst ihre »Lungen stark« und suchen nun unbewusst nach irgendeinem Schuldigen, um die eigenen Eltern (und sich selbst) zu schonen? Vielleicht leiden sie noch immer unter mangelnder Zuneigung, fehlendem Körperkontakt und Mitgefühl während ihrer Kindheit? Vielleicht tragen sie durch die Erziehung ihrer eigenen Kinder bereits so viel Schuld in sich, dass Einsicht zu einer Offenbarung unwiderruflicher Fehler führen würde? – Wie auch immer die Antworten auf solche Fragen ausfallen mögen, ich glaube, dass der Umgang mit einem übermäßig schreienden Baby für viele Menschen ein Aufleben verborgener Schmerzen aus der Vergangenheit bedeutet, so dass sie durch Distanzierung und Diffamierung davon abzulenken suchen.

Alle Eltern, die sich nicht mit Diagnosen wie »Dreimonatskoliken« zufrieden geben und die Suche nach den Schreiursachen ihres Babys fortsetzen, befinden sich auf dem richtigen Weg. Gibt es dabei auch noch so viel Streit, Wut und Hassgefühle – das Kind wird spüren, dass es nicht allein gelassen wird und seine Eltern bereit sind, all ihre Kraft einzusetzen, um ihm in seiner unergründbaren Not beizustehen. Ist uns Erwachsenen nicht auch ein Freund lieb und wertvoll, der mitweint und -schreit, der uns zeigt, was wir ihm wert sind?

»Perfekte Eltern« bleiben ein unerreichbares Ideal, das ich zu Gunsten der Wirklichkeit gerne aus den Augen verliere.

Das Familienleben wird mit einem übermäßig schreienden Baby in jeder Hinsicht auf eine harte Belastungsprobe gestellt. Alltägliche Pflichten sind nur noch mit Mühe zu erledigen, Beziehungen zu Verwandten, Freunden und Bekannten erweisen sich oft als haltlos. Überhäuft von unbrauchbaren oder gar verletzenden Ratschlägen ziehen sich viele Eltern zurück und geraten in die soziale Isolation mit der Gefahr, an ihren Problemen zu ersticken. Innerhalb der Familie kommt es häufiger zu Streit, bisher stabile Verbindungen drohen zu zerbrechen, Ehepartner geraten in ihrer Wut aneinander, auf der Suche nach einem Ventil für ihre angestauten, heftigen Gefühle. Geschwister des schreienden Babys leiden unter mangelnder Aufmerksamkeit und Zuneigung ihrer Eltern, entwickeln Schuldgefühle, weil sie die Ursachen der familiären Spannungen nicht begreifen. In einem Chaos undurchschaubarer »Teufelskreise« kommt es im schlimmsten Fall zu gewalttätigen Handlungen mit lebenslangen Folgen.

Ein übermäßig schreiendes Baby vermag wahre Familientragödien heraufzubeschwören, wenn nicht rechtzeitig Ventile geschaffen werden, durch die angestaute negative Energien entweichen können.

Soziale Isolation

Mit einem unruhigen, sensiblen und anspruchsvollen Baby Kontakte zu Freunden und Bekannten zu pflegen ist nur möglich, wenn diese Verständnis aufbringen und mitfühlend reagieren. Das Gegenteil ist leider häufig der Fall: Von unbrauchbaren oder verletzenden Ratschlägen übersättigt, treten viele Eltern den Rückzug an und verkriechen sich in ihrem spannungsgeladenen Heim. Jede Art von zwischenmenschlicher Beziehung wird durch ein übermäßig schreiendes Baby auf harte Belastungsproben gestellt.

Wie oft habe ich vorwurfsvolle Blicke geerntet, wenn ich meine Gefühle, die ich bei den Schreiattacken meiner Tochter erlebte, im Bekanntenkreis erzählte: dass ich mein Kind anschrie, weil ich diesen Terror nicht mehr aushielt, mir keiner helfen konnte und ich mit all dem allein gelassen wurde. Dann war ich eben eine richtige Rabenmutter. Und dieser Eindruck, den ich auf andere mache, tut eigentlich mehr weh als zehn Stunden Schrei-Terror. *S.D.*

Es muss nicht immer Verständnislosigkeit der Mitmenschen sein, die einen zur Einsamkeit treibt. Häufig erschweren berufliche und wohnortbezogene Bedingungen den Zugang zu Freunden und Verwandten. Einige Eltern wechseln die Wohnung, um mehr Platz für den Familienzuwachs zu bekommen, oder eine berufliche Veränderung zwingt sie zum Umzug in eine fremde Stadt, fern vom vertrauten Freundes- und Bekanntenkreis. Mit einem ruhigen und ausgeschlafenen Baby mag es noch möglich sein, sich einer Still- oder Mutter-und-Kind-Gruppe anzuschließen, um neue Kontakte zu knüpfen. Von Minderwertigkeits-, Versagens- und Schuldgefühlen durchfressen gelingt es dagegen nur wenigen verzweifelten Müttern, auf unbekannte Menschen zuzugehen, aus Angst vor Abweisung und erniedrigenden Kommentaren.

Wege aus der Einsamkeit mit einem schreienden Baby finden nur wenige Mütter ohne Probleme. Da es bisher in Deutschland keine Selbsthilfegruppen für Familien von Schrei-Babys gibt, sind viele Eltern darauf angewiesen, über Organisationen wie Mütterzentren, Kinderschutzbund oder Stillgruppen Kontakte zu anderen Betroffenen zu suchen, die wohl als Ansprechpartner am besten nachvollziehen können, wie es den Müttern, Vätern, Geschwistern und anderen Angehörigen eines unruhigen Babys ergeht.

In der Hoffnung, dass solche Selbsthilfegruppen mit der Veröffentlichung dieses Buches und dem Engagement (ehemals) betroffener Eltern endlich ins Leben gerufen werden, möchte ich den einfachen Tipp geben, z.B. durch eine kleine Zeitungsannonce nach Gleichgesinnten in Ihrer Nähe zu suchen. Natürlich können Sie auch eine Hebamme fragen, ob sie Mütter von übermäßig schreienden Babys kennt, die bereit wären, mit Ihnen Kontakt aufzunehmen. Je nach den Angeboten Ihrer Umgebung besteht die Möglichkeit, ähnliche Erkundigungen über Mutter-Kind-Initiativen, Still- oder Krabbelgruppen, Mütterzentren und ähnliche Vereine einzuholen. Oder Sie hängen im Wartezimmer Ihres Kinderarztes oder Gynäkologen einen Zettel auf. Vielleicht werden Sie dabei feststellen, dass sogar Nachbarinnen Ihr Problem kennen. Auch Briefkontakte oder Gespräche am Telefon können bereits eine große Hilfe sein.

Die Säuglingsschwester der Mütterberatungsstelle in unserem Dorf half mir viel. Sie verschrieb keine »Wundertropfen«, sondern stärkte mich in allen Belangen und machte mir Mut, auf meinen gesunden »Mutterverstand« zu zählen. Ich bekam das Gefühl, ich mache es schon richtig! Dazu vermittelte sie mir den Kontakt zu einer Mutter, die auch ein Kind mit »Dreimonatskoliken« hatte. Zum ersten Mal fühlte ich mich durchwegs verstanden. *B.P.-M.*

Solche positiven Erfahrungen, wie sie hier von einer Mutter aus der Schweiz geschildert werden, scheinen in unserem Land eher selten zu sein. Einige Mütter, die sich in ihrer Not an eine Mütterberatungsstelle oder das Kinderschutzzentrum wandten, fanden hier kaum, gar keine oder unangemessene Hilfe.

Die wenigen Leute, die ich kenne, die ein echtes Schreikind haben oder hatten, spielen ihre Gefühle und Qualen im Gespräch leider total herunter, frei nach dem Motto: »Wir leben noch, die Zeit geht auch vorüber, irgendwie kommen wir schon klar!« Das lässt bei mir immer die Frage aufkommen, ob ich zu empfindlich bin, weil ich diese nervtötende Schreierei und Quengelei nicht so geduldig ertragen kann. Es wäre so wichtig, sich aussprechen zu können und verstanden zu fühlen! Man muss jemanden haben, dem man sagen kann: »Ich könnte dieses schreiende Etwas umbringen«, ohne dass der andere gleich das Jugendamt verständigt. *B.G.*

Die Isolation, in welche Mütter mit übermäßig schreienden Babys geraten, ist nicht unbedingt Folge ihrer Ausnahmesituation, sondern Ausdruck der gestörten Kommunikationsfähigkeit unter Menschen allgemein. In eine Gruppe integriert zu sein, heißt nicht gleichzeitig, die Einsamkeit überwunden zu haben. Gespräche, in denen das wahre Gefühlsleben unterdrückt wird, um oberflächliche und »vorzeigbare« Fassaden aufrechtzuerhalten, können unter Umständen zu einer unerträglichen Einsamkeit führen, die kaum jemand bemerkt.

Ich glaube, Mütter, die aufrichtig mit ihren Gefühlen umgehen und sich ihre Ängste eingestehen, werden viel weniger Fehler im Umgang mit ihren Kindern begehen als solche, die vorgeben, mit ihren Problemen schon irgendwie zurechtzukommen. Kinder ehrlicher und sensibler Eltern werden von deren Aufgeschlossenheit profitieren und eher lernen, mit Konflikten umzugehen als Kinder von »perfekten«, aber verschwiegenen Eltern. Während die einen ihre Einsamkeit bewusst wahrnehmen, wissen die anderen noch nichts von ihrer inneren Isolation – und können ebenso wenig dagegen tun.

Am Ende ihrer Kräfte, nervlich zerrissen und enttäuscht von ihren Mitmenschen verlieren viele Eltern den Mut, sich einem außenstehenden Gesprächspartner anzuvertrauen. Zu oft sind sie dabei auf Unverständnis gestoßen, waren hilflos Verletzungen ausgeliefert, als dass sie weitere Abweisungen ertragen könnten. So erscheint die soziale Isolation häufig als einziger Weg, um Erniedrigungen und Schuldzuweisungen auszuweichen.

Obwohl der Austausch mit anderen Betroffenen nicht unbedingt zur Besserung des eigentlichen Schreiproblems führen muss, kann er doch helfen, das erschütterte Selbstvertrauen zu stärken, wirkliches Verständnis zu finden und sich von zermürbenden Schuldgefühlen zu lösen. Kontakte zu anderen schreigeplagten Eltern finden Sie möglicherweise über Ihre Hebamme, Stillgruppe, eine Zeitungsannonce, einen Aushang in der Kinderarzt- oder Gynäkologenpraxis und dem von mir im Aufbau befindlichen Selbsthilfegruppenprojekt »Trostreich«.

Partnerschaftsprobleme

F rau ist nicht gleich Mann und Mutter nicht gleich Vater ... Dass es im Verhältnis zwischen Mann und Frau zu Uneinigkeiten und Auseinandersetzungen kommt, ist daher eine natürliche Folge ihrer Geschlechtsunterschiede.

Es mag viele Gründe geben, warum Frau und Mann, die zusammenleben, nicht ins Gespräch kommen. Sei es, dass der Mann berufstätig und tagsüber meist außer Haus ist, so dass es an gemeinsamer Zeit mangelt, oder dass tief sitzende Ängste die Gesprächsbereitschaft blockieren. Ob Mann oder Frau: Wer ungern über seine Gefühle spricht, ist deshalb keinesfalls empfindungslos.

Infolge meiner Aufrufe nach Erfahrungsberichten von Eltern mit übermäßig schreienden Babys haben mir fast ausnahmslos Mütter geantwortet. Das habe ich den Vätern nicht übel genommen. Denn in erster Linie sind die Mütter be- und getroffen, wenn es ihnen nicht gelingt, ihr Kind zu trösten. Wie bei der Geburt können Väter nur mitfühlen, unterstützen und Hilfe leisten – seien sie Frau und Kind noch so nahe, ihre Verbundenheit ist eine andere als die zwischen einer Mutter und ihrem Baby. Ein Vater muss erleben, wie seine Partnerin verzweifelt, ohne ihr das Leid abnehmen zu können. Während die Mutter zunächst nur das Baby trösten möchte, begegnet der Vater gleich zwei unglücklichen, ihm nahe stehenden Menschen.

Ohne dass wir es wollten, kam es zwischen meinem Mann und mir immer wieder zu heftigen Streitereien. Wir gerieten aneinander, weil jeder sich in seiner Rolle einsam fühlte und auf keiner Seite die Möglichkeit bestand, dem gemeinsamen Leiden ein Ende zu bereiten. In unserem Ausgeliefertsein suchte jeder egoistisch nach einem Schuldigen, wobei die Anlässe regelrecht klein und lächerlich wirkten. Wir erlebten die Grenzen unserer Zweisamkeit, das »Ich und Du« entgegen dem »Wir«, das uns als Familiengefühl vorgeschwebt hatte.

Die biologischen Voraussetzungen sind für eine Gleichstellung von Mann und Frau keine geeignete Grundlage, wenn ich auch nie bestreiten würde, dass Vorurteile zu ungerechten Behandlungen von Frauen – und Männern – führen. Dieses Problem beider Geschlechter kann in einer Partnerschaft nur von Mann und Frau gemeinsam gelöst werden. Dass es zu Gefühlen von Neid und Eifersucht oder zu Versäumnisängsten kommt, muss nicht auf der Unterdrückung des weiblichen Geschlechtes beruhen. Während ein Vater sich vielleicht ausgeschlossen fühlt, weil er nur abends für kurze Zeit Kontakt zu seinen Kindern hat und wenig von ihrem Alltag miterlebt, mag die Mutter den Eindruck haben, außerhalb ihrer Familie Wichtiges zu verpassen. Die Sorgen der Mutter sind andere als die des Vaters – aber wie und warum soll gemessen werden, welche von beiden schwer wiegender sind? Geht es nicht vielmehr darum, den anderen an den eigenen Problemen teilhaben zu lassen, um Missverständnisse zu klären?

Beim Zusammenleben von Menschen sind Konflikte wichtig, nützlich und unvermeidbar. Es braucht deshalb kein Tabu zu sein, wenn Partner mit- oder gegeneinander streiten. Wer zugunsten äußerer Harmonie darauf verzichtet, sich selbst zu behaupten, ist an einem aufkommenden Streit ebenso beteiligt (und »schuldig«) wie ein ständig aufbrausender Mensch. Doch mit einem übermäßig schreienden Baby wird es auch den »Friedlichsten« nur schwer gelingen, Ruhe zu bewahren. Ohne Kraftreserven, übermüdet und bis an die äußersten seelischen und körperlichen Grenzen gereizt, genügen manchmal unscheinbare Anlässe zum Entfachen gewaltiger Explosionen. Zudem mangelt es an Gelegenheiten ausgleichender, intimer Zweisamkeit, Momente der Ruhe für zärtliche Begegnungen sind rar.

Partnerschaftsprobleme, die durch ein Schrei-Baby ausgelöst werden, können durchaus zu einer Festigung der Vertrauensbasis führen. Wer die Fassung verliert, offenbart sein wahres Seelenleben und erfährt durch die Reaktion seines Partners, wieviel Wahrheit dieser aushält. Mag eine Auseinandersetzung noch so laut und kriegerisch verlaufen – das Bleiben, Flüchten und Wiederkehren, Erwidern heftiger Gefühle kann ein Beweis tiefer Zuneigung sein: »Obwohl ich das Leben zur Zeit unerträglich finde und ohne Familie mehr Freiheiten hätte, bleibe ich bei euch bzw. kehre immer wieder heim. Das seid ihr mir wert!«

Wir schoben uns gegenseitig die Schuld zu, haben uns nur noch gestritten, vor allem mitten in der Nacht. Unsere Nerven lagen blank. Die Situation schien immer mehr zu eskalieren. Es war schon von Scheidung die Rede, weil wir das alles nicht mehr aushalten konnten! *T.H.*

Ich war vollkommen übernächtigt und auch wütend auf meinen Mann, dass er so seelenruhig schlief und überhaupt nicht mitbekam, wie ich mir die Nächte um die Ohren schlug. Wie dumm ich war! Anstatt dass ich ihn gebeten hätte, wenigstens am Wochenende das Füttern zu übernehmen, wollte ich zeigen, dass ich eine gute, aufopfernde Mutter bin. Hinzu kam, dass ich anfangs versuchte, die Muttermilchproduktion in Gang zu bekommen, also musste ja ich aufstehen, nicht mein Mann. *V.P.*

Es ist eine schwer lösbare Aufgabe herauszufinden, wie beide Partner einander entlasten und die anstehende Arbeit gerecht aufteilen können. Ich weiß noch, wie schwer es mir fiel, Jana mit meinem Mann alleine zu lassen. Trotz aller guten Vorsätze verbrachten wir die Nächte am Anfang doch meist gemeinsam mit unserer Tochter und kamen beide nicht richtig zum Schlafen. Erst als die Unruhe deutlich nachließ, entschieden wir uns für einen nächtlichen Wechsel in getrennten Schlafräumen und profitierten alle drei davon.

Unsere Arbeitsteilung sah zunächst so aus: Mein Mann kümmerte sich um Einkäufe, Küche, Zubereitung des Essens (Schnellküche ...), wichtige Hausarbeiten. Da ich Jana in den ersten Monaten stillte, wachte ich natürlich regelmäßig auf und übernahm ihre Betreuung. Anschließend wechselten wir einander ab: eine Schicht ich (herumtragen, wickeln, auf den Bauch legen), eine Schicht mein Mann. Wir hielten uns beide im selben Raum auf, so dass ich keine Angst zu haben brauchte, irgendwelche Katastrophen zu verpassen. War die Lage ruhig, konnte ich ein wenig schlafen, während mein Mann im Zimmer umherging oder sich mit Jana auf unsere Ausweichmatratze legte – und umgekehrt. Durch diese Nähe war der Neid auf den Schlafenden gemäßigt, und wir wussten: Falls einer von uns durchdrehte, würde der andere sofort einspringen.

Musste mein Mann tagsüber oder für längere Zeit außer Haus arbeiten, sorgten wir jeweils vor: geschmierte Brote, kaltes Essen,

Getränke in der Kühltasche neben dem Bett, das Telefon in Reichweite, und ein Freund wurde verständigt, der im Notfall aushelfen konnte. Damit Jana nicht durch langes Telefonklingeln geweckt würde, falls sie gerade schlief, vereinbarten wir ein kurzes Anklingeln (ein- oder zweimal klingeln lassen) mit anschließender Pause. Ich stellte die Klingel auf geringste Lautstärke und hob den Hörer beim nächsten Klingeln sofort ab. Regelmäßige Anrufe durch den gerade Abwesenden wirkten beruhigend. Das Gefühl, zumindest über Gedanken verbunden zu sein, half uns beiden, die räumliche Trennung besser zu verkraften.

Wie auch immer die Eltern ihre Partnerschaft und Kinder erleben – das untröstliche Schreien eines Babys fordert sie heraus, sich in Ehrlichkeit und Offenheit zu üben, die Wirklichkeit anzunehmen und ungewöhnliche Wege zu beschreiten. Vielen wird erst rückblickend klar, wie nah sie einander gekommen sind, während sie sich beschimpft und angeschrien haben, im Kampf um ihr Baby und sich selbst.

So sehr sich Mutter und Vater eines Schrei-Babys auch bemühen, einander zu entlasten und alle Sorgen gemeinsam zu tragen, kommt es dennoch leicht zu heftigen Auseinandersetzungen. Während die Väter tagsüber meist unfreiwillig außer Haus arbeiten, um den Lebensunterhalt der Familie zu verdienen, fühlen sich viele Mütter allein gelassen und in ihren persönlichen Bedürfnissen übergangen. Ungleiche, aber notwendige Rollenverteilungen führen zu Neid- und Eifersuchtsgefühlen auf beiden Seiten. Die Partner geraten an die Grenzen ihrer Zweisamkeit, fühlen sich einsam und verloren. Darin liegt gleichfalls die große Chance, sich in Ehrlichkeit und Offenheit zu üben, dem anderen als eigenständige Persönlichkeit zu begegnen, seine Stärken und Schwächen anzuerkennen und gemeinsam neue Wege zu erproben.

Aggressionen, Hass, Wut und Gewalt

Ein brisantes Thema! Denn hässliche Gefühle gelten als verboten, vor allem, wenn sie die nächsten Verwandten und eigenen Kinder treffen.

Für mich war es wohl die schmerzhafteste Erfahrung zu erleben, wie ich meine erwünschte und innig geliebte Tochter verfluchte und ihr vorwarf, sie hätte mein Leben zerstört. Ich schrie sie an, legte sie unsanft in die Wiege, packte wütend und kräftig zu, spürbar an der Grenze, ihr körperliche Gewalt anzutun. Niemals zuvor hätte ich geglaubt, zu solchen kindesmissachtenden Taten fähig zu sein. Heute ist mir klar, wie nah ich einer echten Kindesmisshandlung gewesen bin. Ich kann mir nichts Schlimmeres vorstellen, als mit solcher Schuld belastet zu sein. Dass ich nur knapp entkommen bin, lässt mich demütig werden gegenüber Menschen, die in ihrer Not nicht anders konnten als zuzuschlagen. Um Missverständnissen vorzubeugen möchte ich bemerken, dass ich Gewalt gegen Kinder grundsätzlich ablehne, also auch nicht den berühmten »Klaps auf Hintern oder Finger« als Erziehungsmittel akzeptiere.

Meine persönlichen Erlebnisse mit Aggressionen und Hassgefühlen gegenüber meiner Tochter kann ich nur verarbeiten, indem ich sie anerkenne. Dabei geht es nicht um öffentliche Schuldbekenntnisse einzelner Personen, sondern um das Aufzeigen von Zusammenhängen, in denen Kindesmisshandlungen auftreten, um daraus zu lernen und Wege zu entwickeln, Gewalttaten vorzubeugen.

Manchmal klopfte ich meinem Sohn aus Hilflosigkeit auf den Po, schüttelte ihn, schrie ihn an, ließ ihn schreien. Ich war entsetzt über mich – ich ließ den Zorn an meinem Baby aus und dachte, es wollte mich ärgern, täte das mit Absicht, sei verwöhnt. Ich patschte ihm sogar auf die Wange, hielt seinen Mund zu und heulte später bei meinem Mann darüber, dass ich handgreiflich geworden war. *M.S.*

Jeder zetert und schimpft über Mütter, die ihre Kinder misshandeln, aber wenn jemand vorher ein Zeichen gibt, hört keiner hin. Es ist nun einmal nicht jeder in der Lage, sich so zu beherrschen, dass er das, was er empfindet, nicht tut. Mir tun die Leute, die kleinen Babys etwas antun, furchtbar Leid, denn sie haben es ja nicht gewollt, sondern sind ausgerastet – aber das kann keiner verstehen, der so etwas nicht erlebt hat. *B.G.*

Es ist leicht, sich über Kindesmisshandlungen aufzuregen und die Täter anzuklagen – aber Auswege anbieten, sich einsetzen und Hilfe gewähren mag oder kann kaum einer der öffentlich reich vertretenen Ankläger. »Wer frei von Sünde ist, werfe den ersten Stein« – Steine werden vor allem von Sündern geworfen, mit dem Ziel, einen anderen Sünder zu treffen statt sich selbst.

Durch das Schreien meiner Tochter erwachte all die unterdrückte Wut meines vergangenen Lebens. Bis dahin war es mir meist gelungen, sie zu betäuben oder in kreative Tätigkeiten zu leiten. Doch mit Jana brach bei jedem Wutanfall eine Welt zusammen, und ich wartete voller Angst und Furcht auf meine Vernichtung. Aber ich blieb ... und musste lernen, sie auszuhalten: meine Wut und meine schreiende Tochter.

Obwohl Janas Schreien mich wütend machte und zurückbrüllen ließ, war mir ihre Unschuld bewusst. Dass sie unter meiner Wut zusätzlich leiden musste, erweckte weitere Schuldgefühle. Also beschloss ich, ihr diese Zusammenhänge zu erklären und meine Gefühle und Beobachtungen niederzuschreiben. Ich sprach zu ihr, wenn sie einmal nicht schrie, sagte ehrlich, dass es mir Leid täte und sie ja unschuldig sei, ich mich aber nun mal schwer beherrschen könne. Zu gerne erinnere ich mich an ihr spontanes Lächeln, als sie noch keine drei Monate alt war und ich gerade versuchte, sie um Verzeihung zu bitten. Irgendwie spürte ich, dass sie mich auf ihre Weise verstanden hatte.

Wenn wütende Gefühle drohen, sich durch Gewalttaten Ausdruck zu verschaffen, ist es manchmal besser, die Flucht zu ergreifen und für eine Weile den Raum, in dem sich das schreiende Baby befindet, zu verlassen. Türscharniere lassen sich auswechseln, zerbrochene Teller, Gläser und kaputtgetretene Eimer ersetzen – warum also nicht dort zuschlagen, wo es niemanden schmerzt? Vielleicht finden Sie es lächerlich, wie ein wild gewordener Affe durch die Wohnung zu rennen und Dinge umzuwerfen, loswerden müssen Sie Ihre Aggressionen dennoch, also besser an leblosen Gegenständen als Ihrem verletzlichen, ausgelieferten Kind. Wenn Sie befürchten, dass Ihre Nachbarn Sie für verrückt erklären, können Sie sich z.B. unter eine schalldämpfende Bettdecke verkriechen, in die Kissen boxen und laut schreien. Wenig Krach macht auch das Schlagen mit einer zusammengerollten Zeitung auf Tisch- und Stuhlkanten, oder Sie rennen stampfend Treppen auf und ab, so dass es klingt, als seien Sie in Eile. Bei verständnislosen Nachbarn könnten Sie auch nebenbei erwähnen, dass Sie ein wenig Sport treiben wie z.B. Seilspringen, um fit zu bleiben – dazu rhythmisch passende Begleitmusik, und die aggressiven Impulse geraten leichter in geordnete und kontrollierbare Bahnen. Als es noch keine zentralen Öl- und Gasheizungen gab, diente das Holzhacken so manchem Wutentbrannten zum Aggressionsabbau, ähnlich dem Durchkneten und Schlagen eines Brotteiges oder Wringen und Rubbeln nasser Wäschestücke.

Wer bis zum Erwachsenenalter nicht gelernt hat, mit Wutgefühlen umzugehen und sie rechtzeitig abzureagieren, ohne dass ein Lebewesen dabei zu Schaden kommt, wird natürlich einige Zeit benötigen, um das Versäumte nachzuholen. Mit einem schreienden Baby ist es oft unmöglich, eine geeignete Tätigkeit zu finden, um überschüssige, negative Energien abzubauen oder in positive Handlungen umzuwandeln. Ohne mein Kind ging ich z.B. gerne in den Garten, um Unkraut zu hacken oder Beete umzugraben, wenn ich vor Wut überzukochen drohte. Währenddessen konnte ich meine Gedanken ordnen, vor mich hin schimpfen und gleichzeitig etwas Nützliches tun. Obwohl ich in solchen Umwandlungen negativer Energien einige Übung hatte, fiel es mir äußerst schwer, meine Wutgefühle in kreative Bahnen zu lenken, wenn Jana schrie, da mir ihre Beruhigung zunächst wichtiger schien als meine.

Optimal funktionierte eine Kombination von Aggressionsabbau und Beruhigung durch meine »persönliche Beruhigungsmethode« (s.S. 97ff.), wenn ich mich bewegte und Jana in der Bauchtasche herumtrug, dazu sang oder auch nach Musik aus dem Lautsprecher tanzte. Während Jana auf meinem Bauch schlief, nutzte ich die Zeit, um meine Erlebnisse und heftigen Gefühle schreibend auszudrücken und Ballast abzuladen.

Viele Eltern, die spüren, wie nah sie einer Kindesmisshandlung stehen, suchen freiwillig nach geeigneter Hilfe, finden aber selten offene Türen, wenn sie sich z.B. an ein Krankenhaus wenden oder den Notarzt verständigen, weil sie keinen anderen Ausweg wissen. Dass solche Hilfe durchaus möglich und realisierbar wäre, zeigt das folgende Beispiel:

Im Krankenhaus bekamen wir zum ersten Mal richtige Hilfe. Ein Kinderpsychologe und ein Sozialpädagoge betreuten uns. Wir führten Gespräche über die Gefühle zu unserer Tochter. Die Krankenschwestern haben uns vor allem im Praktischen sehr geholfen. Nach dem Krankenhausaufenthalt und der weiteren Behandlung ging es stetig bergauf. Ich will nicht sagen, dass dieser Weg dann leicht war, aber ich hatte Hilfe. Meine Freundin hat nächtelang bei mir gesessen und mir meine Tochter abgenommen, wenn sie merkte, dass ich gleich ausflippen würde. *M.G.*

Wenn Sie überhaupt niemanden haben, dem Sie Ihr Leid anvertrauen können, oder sich schämen, weil Sie Ihr Kind geschlagen haben, sollten Sie sich klarmachen, dass es besser wäre, so schnell wie möglich Hilfe zu suchen. Je mehr Sie sich zurückziehen und sich in Schuldgefühlen vergraben, umso größer wird die Gefahr, dass Sie nochmals zuschlagen und mit jeder weiteren Gewalttat den Mut verlieren, etwas zu unternehmen. Manchmal ist schon ein Gespräch am Telefon hilfreich, um erste Schritte aus der Isolation zu wagen. Dabei müssen Sie nicht unbedingt Ihren Namen nennen, wenn Sie es vorziehen, anonym zu bleiben. In vielen Bundesländern haben Kinderschutzzentren nach dem Prinzip »Helfen statt Strafen« umfassende Beratungs- und Hilfsangebote eingerichtet, wie z.B. ein »Eltern-Stress-Telefon«, das rund um die Uhr besetzt ist. Im Anhang finden Sie Adressen, an die Sie sich im Notfall telefonisch oder schriftlich wenden können.

Abschließend möchte ich noch einen wichtigen Hinweis in Bezug auf das Schütteln eines Babys geben: Wenn ein Säugling anhaltend schreit, entsteht bei der betreuenden Person häufig das Bedürfnis, ihn zu schütteln, »damit er endlich zur Besinnung kommt«. Durch heftiges Schütteln, vor allem wenn der Kopf dabei vor- und zurückschlägt, können jedoch mehr oder weniger schwer wiegende, zunächst unbemerkte Schädelhirntraumen verursacht werden.

Da Wut- und Hassgefühle gegenüber den eigenen Kindern überwiegend tabuisiert werden, wagen Eltern kaum, darüber zu sprechen. Stattdessen stauen sich neben unterdrückten Aggressionen die Schuldgefühle bis zur Unerträglichkeit. Vor Scham verschweigen die meisten ihre hässlichen Gedanken und halten sich für eine schreckliche, verachtenswerte Ausnahme. Die Verbannung hässlicher Gefühle bewirkt jedoch genau das, was wir zu vermeiden suchen: Gewalttaten gegen andere Lebewesen, wobei die Schwächsten meist die ersten Opfer sind.

Es wäre eher ungewöhnlich, würden Sie durch das anhaltende Schreien Ihres Babys ausnahmslos liebevolle Gefühle entwickeln. Möglichen Gewalttätigkeiten können Sie am ehesten vorbeugen, indem Sie Ihre Wut anerkennen, sich ausreichend Ventile schaffen, um rechtzeitig Dampf abzulassen. Schlagen Sie mit zusammengerollten Zeitungen auf Tischkanten, einem Kleiderbügel auf Kissen, verkriechen Sie sich zum Schreien unter eine Decke – und verlassen Sie in Notfällen den Raum, in dem Ihr Baby schreit. Je mehr Sie über Ihre hässlichen Gefühle sprechen, schreiben oder singen, desto geringer wird die Gefahr, wirklich handgreiflich zu werden: »Bellende Hunde beißen nicht!«

Wenn die Seele streikt ...

Niedergeschlagenheit, Trauer und Antriebslosigkeit sind eine natürliche Folge all der vergeblichen Mühen gestresster Mütter, die sich am Ende ihrer Kräfte und Fähigkeiten erleben und das Gefühl entwickeln, ihren Problemen ohnmächtig und hilflos ausgeliefert zu sein. Dabei gibt es Mütter, denen es immer wieder gelingt, neuen Mut zu fassen, aber auch jene, die ohne Hilfe von Außenstehenden in ihrem Kummer zu ersticken drohen.

Ich hatte keinen Appetit mehr und nahm in vier Wochen 13 Kilo ab. Mein Hausarzt überwies mich an eine Psychologin, die von Wochenbettdepression sprach und mir ein Psychopharmakon verschrieb. Dieses Medikament half mir, neuen Lebensmut zu entwickeln. Nach vier Wochen ging es mit meiner Gesundheit wieder aufwärts und ich bewältigte den Alltag besser. Jonas schrie jedoch weiter. Als er viereinhalb Monate alt und ich total am Ende war, ließ ich ihn für ein paar Tage in eine Klinik einweisen. Ich sollte mich etwas fangen, während Jonas dort beobachtet wurde. Er bekam ein Beruhigungsmittel und wurde nach fünf Tagen mit dem Hinweis entlassen, dass er gesund sei und ich ihn schreien lassen sollte, dann würde er schon irgendwann wieder aufhören. Ich fing schon an, mein Kind zu hassen, und überlegte, wo ich es am besten aussetzen könnte. Ich war nahe dran, Jonas in ein Heim oder zu Pflegeeltern zu bringen. *E.D.*

Von Antriebslosigkeit, Schlafstörungen, Trauer und unzähligen vergossenen Tränen berichteten auch andere Mütter übermäßig schreiender Babys, und es wäre wohl ungewöhnlich, wenn solche Reaktionen ausblieben. Oft genügt bereits die Möglichkeit, sich den drückenden Kummer »von der Seele reden zu können«, angehört zu werden, ohne allesrettende Antworten zu erhalten. Im richtigen Moment könnten ein liebes Wort, aufmunternde Gesten, einfache Zeichen des Mitgefühls für einen Leidenden von großem Wert sein – aber es scheint, als empfinden viele Menschen solche Geschenke als wertlos.

Niedergeschlagene, depressive Menschen leiden oft unter Antriebslosigkeit, da sie in allem, was sie tun, haben, fühlen ... keinen Sinn mehr finden können. Selbstmordgedanken sind manchmal eine Folge davon, und im schlimmsten Fall kommt es auch zu ihrer Realisierung – der letzte Hilferuf: »Ich habe nicht übertrieben, aber niemand glaubt mir ... Nun sollt ihr wissen, dass ich es ernst gemeint habe – mir geht es wirklich saudreckig!«

Der Selbstmord ist wohl kaum die Folge einer freien Entscheidung zum Sterben. Vielleicht wird die Bezeichnung »Freitod« gewählt, um die Hinterbliebenen von möglichen Schuldgefühlen zu entlasten. Denn im Grunde wurde da ein Selbst ermordet, das nicht mehr ertragen konnte, lebendig begraben zu sein. Wenn die Seele streikt ... Wie erfrischend und beruhigend, dass Babys noch schreien und uns mit aller Kraft wissen lassen, wenn sie Hilfe brauchen!

Niedergeschlagenheit, Trauer, Antriebs- und Mutlosigkeit bis hin zu Selbstmordgedanken sind vielen Müttern übermäßig schreiender Babys vertraut. Dabei könnten kleine Gesten des Mitgefühls, die Aufmerksamkeit eines sensiblen Zuhörers und die Möglichkeit, sich »den Kummer von der Seele zu reden«, den entscheidenden Funken zum Entfachen eines wärmenden Feuers bringen. Leidtragende wissen Zeichen ehrlicher Nächstenliebe mehr zu schätzen als materielle Gaben, »gut gemeinte Ratschläge« und die Not verdeckende Worte.

Mit mehreren Kindern

Die Geburt eines *Geschwisterkindes* ist bereits ohne die Problematik des übermäßigen Schreiens mit großen Herausforderungen und Umstellungen verbunden. Seine Eltern und besonders die Mutter mit einem unzufriedenen, schwierigen Baby teilen zu müssen, verlangt ein Übermaß an Rücksichtnahme und Einsicht, dem kleine Kinder kaum gewachsen sein können.

Laura litt sehr darunter, dass ich den ganzen Tag damit zubrachte, ihren kleinen Bruder herumzutragen und zum Schlafen zu bringen. Dementsprechend »aufmüpfig« wurde sie. Sie hatte wohl entdeckt, dass sie durch ihre Provokationen mehr Aufmerksamkeit erhielt. Ich habe sehr viel herumgeschrien und war völlig am Ende. *U.D.*

Den Geschwistern eines Schrei-Babys wäre vielleicht geholfen, wenn die Eltern viel mit ihnen über ihre Probleme sprechen und dabei betonen, dass mangelnde Zuwendung, häufiges Schimpfen, schlechte Laune und Reizbarkeit durch die angespannte Situation entstehen, die niemand zu verschulden hat: weder das Baby noch seine Geschwister, noch die Eltern. Es gäbe leider vieles im Leben, das auch Erwachsene schwer oder gar nicht beeinflussen könnten, so sehr sie sich auch wünschten, mehr Zeit und Ruhe füreinander zu finden, da sie das gemeinsame Spielen selbst vermissen. Doch auch ein lang anhaltender Regenschauer ginge irgendwann vorbei, und dann würden sich alle umso mehr an den ersten Sonnenstrahlen erfreuen.

Dem Alter der Geschwister angemessen, könnten die Eltern leichte Aufgaben verteilen und sich für ihre nützliche Hilfe bedanken. Gemeinsames Liedersingen und Tanzen mit dem schreienden Baby als täglich wiederkehrendes Ritual wäre eine weitere Möglichkeit, um Spannungen abzubauen und freundliche Umgangsweisen zu fördern. Vielleicht besorgen Sie einfache Musikinstrumente wie Trommel, Schellenrassel und Kazoo (kleine Plastiktröte zum Hineinsingen), mit denen die Kinder ein wenig Krach machen dürfen. Auch stabile Kartons und leere Blechdosen sind geeignet, um mit Kochlöffeln darauf herumzuschlagen. Als Saiteninstrument könnte eine mit Gummibändern bespannte Holzkiste oder Schublade dienen. Dichten Sie gemeinsam einen »Schrei-Baby-Song«, der zum Mittelpunkt Ihrer Hausmusik wird, z.B. nach dem Shantie »What shall we do with a drunken sailor«:

Was machen wir, wenn das Baby laut schreit ... stundenlang am Tage: Schaukeln und Lieder singen ... immer, immer wieder. Was machen wir, wenn die Nerven durchdrehn ... früh und spät am Tage: Trommeln und Lieder singen ... immer, immer wieder.

Bei empfindlichen Nachbarn sollten Sie jedoch eine begrenzte und bestimmte Zeit vereinbaren und mit diesen absprechen, damit es keinen zusätzlichen Ärger gibt.

Zur Nachahmung könnte das Geschwisterkind sein Lieblingsplüschtier oder eine Puppe mit einem Tuch an seinen Körper binden und herumtragen, es massieren, in eine Hängematte legen und alles Erlebte im Spiel abreagieren. Vielleicht möchte es mit seiner »schreienden« Puppe auch schimpfen und ihm mal richtig »die Meinung sagen«.

Lässt es sich irgendwie einrichten, sollte jedes Geschwisterkind zumindest für kurze Zeit einen Elternteil oder einen anderen Erwachsenen für sich ganz allein beanspruchen dürfen: ein ungestörter Besuch auf dem Spielplatz, eine Dreirad- oder Fahrradtour ums Haus, Ballspielen an der frischen Luft, Steine, Kastanien oder Blätter sammeln, Vögel mit dem Fernglas beobachten ...

Wenn es Ihnen gelingt, sich selbst das Recht einzuräumen, gelegentlich aus der Haut fahren, laut und wütend zu werden, fällt es Ihnen wahrscheinlich auch leichter, irgendwelche Provokationen und »Frechheiten« Ihrer Kinder anzuerkennen und als notwendige Verhaltensäußerung zu akzeptieren. Dabei wären Sie ein angenehmes Vorbild, wenn Sie sich so oft wie möglich für ungerechte Beschimpfungen bei Ihren Kinder entschuldigten.

Ganz anders verhält es sich bei einem Fall besonderer Härte, wenn das übermäßig schreiende Baby ein *Zwilling* ist, dessen Bruder oder Schwester entweder genauso viel schreit oder von dem unruhigen Geschwisterteil »angesteckt« wird:

Ich hatte Schrei-Babys in doppelter Ausführung: Zwillinge! Etwa drei Monate lang schrien sie vor allem nachmittags bis zu sechs Stunden am Stück. Immer beide gleichzeitig! Manchmal stand ich tränenüberströmt bei der 82-jährigen Nachbarin vor der Tür und bat sie, ein Kind nur im Arm zu halten ... Ich weiß nicht mehr, wie, aber irgendwie habe ich es geschafft. *R.S.*

Unsere Tochter geriet durch die Schreiphasen ihres Zwillingsbruders zunehmend unter Stress. Also blieb mir nichts anderes übrig, als die beiden jeweils in getrennten Zimmern zu beruhigen. Melanie wurde zeitweise regelrecht vernachlässigt in Bezug auf Zärtlichkeit und Beschäftigung. *T.M.*

Dass eine Mutter von schreienden Zwillingen noch dringender als andere Hilfe und Entlastung benötigt, liegt auf der Hand und bedarf keines weiteren Kommentars. Kontakte zu anderen Zwillingseltern können Sie mit Hilfe der Zeitschrift für Mehrlingseltern *Zwillinge* knüpfen, die u.a. über vorhandene Elterntreffs informiert. Um einen regen Erfahrungsaustausch zu ermöglichen, sind Beiträge von Lesern und Leserinnen ausdrücklich willkommen und erwünscht. Informationen für Eltern von Drillingen und mehr erhalten Sie über die Selbsthilfeorganisation ABC-Club. (Adressen im Anhang)

Wenn Sie neben dem schreienden Baby noch weitere Kinder zu versorgen haben, sind Sie besonders auf entlastende Hilfe von Außenstehenden angewiesen. Dabei ist es wichtig, den Geschwistern so oft wie möglich mitzuteilen, dass sie die gereizte Stimmung und das häufige Schimpfen ihrer Eltern nicht verschulden. Gemeinsam mit Ihnen könnten Ihre Kinder sich Ventile für aufkommende Wutgefühle suchen: Kissenschlachten, Herumtollen auf Matratzen, auf Trommeln schlagen, in Tröten blasen, singen und tanzen. Solche täglich wiederkehrenden »Entlastungsrituale« ließen sich zu bestimmten Zeiten als Familienunternehmung planen, wenn das Baby ohnehin wach ist. Verteilen Sie z.B. kleine Aufgaben, um sich anschließend für die tatkräftige Hilfe der Geschwisterkinder zu bedanken. Und wenn Sie es irgendwie einrichten können, sollte sich jeweils ein Erwachsener (Vater, Oma, Tante, Bekannte ...) zumindest für kurze Zeit ausschließlich einem Geschwisterkind widmen, gemeinsam Bilderbücher anschauen oder auf den Spielplatz gehen.

Zwillingseltern haben die Möglichkeit, über die Zeitschrift *Zwillinge* Kontakte zu anderen Betroffenen zu suchen bzw. die Adresse eines »Zwillingstreffs« in ihrer Nähe zu erhalten. Für Eltern mit Drillingen und mehr eignet sich die Selbsthilfeorganisation ABC-Club als Anlaufstelle. (Adressen im Anhang)

Alleinerziehende

Alleine mit einem schreienden Kind, ohne Aussicht, dass der Partner irgendwann nach Hause kommt, sich die Sorgen anhört, einkauft, Kinderwagen schiebt, Fläschchen kocht, Windeln wechselt, unruhige Nächte teilt und in der Not erreichbar ist ... Wer es nicht selbst erlebt hat, kann es nur annähernd nachempfinden.

Nachdem Justin wieder mal einen ganzen Tag lang gebrüllt hatte, brachte ich ihn völlig entnervt zu einem Freund, gab ihn ohne Kommentar ab und lief über eine Stunde durch strömenden Regen, bis ich irgendwann kein Gebrüll mehr im Kopf hörte. Danach trank ich zum ersten Mal seit sehr langer Zeit ein paar Flaschen Bier, schlief daraufhin tief und fest und begann am nächsten Tag, alle Leute anzurufen, die mir einfielen, um ihnen zu erzählen, wie schlecht es mir geht. Bis dahin hatte ich nicht gewagt, den Leuten zu sagen, dass ich mit einem kleinen Baby nicht zurechtkomme. Außerdem hatte ich Angst, jemand könnte erwidern: »Siehst du, war ja klar, dass du mit der Situation alleine nicht fertig wirst.«

Fast schlagartig besser wurde es nach einem langen Telefongespräch mit meiner Hebamme. Nach all den gut gemeinten Ratschlägen, die ich bis dahin erhalten hatte und die mich letztendlich nur noch unsicherer machten, war plötzlich jemand da, der in aller Deutlichkeit sagte: »Du hast wirklich alles probiert, um es deinem Kind leichter zu machen; du bist nicht verantwortlich für seine Qualen. Du vollbringst im Moment eine Riesenleistung, weil du dein Kind nicht allein schreien lässt. Darauf kannst du sehr stolz sein!«

Ich verglich mich mit Frauen, die ihr Kind zusammen mit ihrem Partner betreuen und sich schon beklagen, wenn das Baby mal eine Nacht unruhig schläft. Das machte mir wieder Mut, und ich bekam neues Vertrauen in meine Fähigkeiten, die ja ganz offensichtlich nicht so gering waren, wie ich immer gedacht hatte. Je selbstsicherer ich wurde und je leichter kritische Bemerkungen an mir abglitten, desto einfacher wurde es mit Justin.

Obwohl ich diese Zeit, wie ich jetzt weiß, doch ganz gut gemeistert habe, kann ich für andere Eltern keine Tipps geben, denn ich denke, dass jeder mühsam seinen eigenen Weg suchen muss. Viel hilft es, wenn es die Möglichkeit gibt, das Baby von jemand andern im Kinderwagen durch die Gegend fahren zu lassen, vor allem, wenn es regelmäßig passiert. Ich fand es immer sehr schwer, auf die Idee zu kommen, mein Kind für eine Stunde wegzugeben. Wenn ich daran dachte, traute ich mich meist nicht, jemanden darum zu bitten, weil ich eine Absage nervlich nicht verkraftet hätte. *C.P.*

Ich kenne keine Studien, die untersuchen, ob Alleinerziehende stärker und häufiger von der Problematik des übermäßig schreienden Säuglings betroffen sind als Mütter, die mit dem Vater ihres Kindes oder einem anderen Partner zusammenleben. Mir scheint, als verleite die Sonderstellung des allein erziehenden Elternteils dazu, alle anfallenden Schwierigkeiten voreilig als Folge seiner Überforderung zu deuten, so dass der Eindruck entsteht, Alleinerziehung müsse von vornherein zum Scheitern verurteilt sein. Vergleiche ich jedoch die Berichte Alleinerziehender mit solchen von »Zuzweiterziehenden«, erkenne ich in Bezug auf das Schreiproblem keine auffälligen Unterschiede. Jeder Mensch hat wohl in seinem Leben etwas Besonderes zu tragen, verkraften, verteidigen ... Pauschalisierungen helfen dabei überhaupt nicht weiter – im Gegenteil.

Kontakte zu anderen Alleinerziehenden können Sie u.a. über den Verband allein stehender Mütter und Väter knüpfen (Adresse im Anhang). In seinen regionalen Ortsverbänden und Kontaktstellen werden Gesprächskreise und Beratungen angeboten, die sich nach den Wünschen und Bedürfnissen der Mitglieder richten.

Eine Mutter, die tagsüber alleine mit ihrem schreienden Baby ist, kann einer Alleinerziehenden wohl nachempfinden, wie hilflos, ausgeliefert, verlassen und in die Enge getrieben diese sich fühlen muss, wenn sie die Verantwortung für ihr Kind ohne partnerschaftliche Unterstützung trägt. Mehr als andere sind Alleinerziehende auf Kontakte zu Außenstehenden angewiesen, die sich mit einem übermäßig schreienden Baby allerdings schwer pflegen oder knüpfen lassen. Aus eigener Kraft dem Kreislauf zwischen kindlichem Schreien und mütterlicher Unruhe zu entkommen ist eine höchst beachtens- und bewundernswerte Glanzleistung!

Vielleicht finden Sie Kontakte zu anderen Alleinerziehenden, die Erfahrung im Umgang mit Schrei-Babys haben, über den Verband allein stehender Mütter und Väter, in dessen regionalen Ortsverbänden und Kontaktstellen Gesprächskreise und Beratungen angeboten werden. (Adresse im Anhang)

Auswege

Auswege entstehen vor allem durch ein Wechselspiel aller Beteiligten. Gemeinsam müssen sie den Alltag organisieren, Vereinbarungen treffen und einhalten, sich ständig von neuem austauschen und bereit sein, Pläne zu ändern. Dass ein Haushalt in solchen Fällen nicht perfekt zu funktionieren braucht, sollte selbstverständlich sein. Aufwendige Mahlzeiten könnten durch schnell zubereitbare (Fertig-)Gerichte ersetzt, Bügelwäsche auf das Notwendigste reduziert und Säuberungsarbeiten eingeschränkt werden.

Natürlich muss ein Partner, der außerhalb der Familie für den Lebensunterhalt sorgt, auch die Chance erhalten, von dem Daheimbleibenden über familiäre Probleme aufgeklärt zu werden. Schweigt z.B. eine Mutter, um den Vater zu schonen, wird sie kaum damit rechnen können, angemessene Hilfe zu erhalten. Dabei muss sie sich vielleicht erst einmal zugestehen, dass ihr Arbeitseinsatz enorme Kräfte erfordert, die das gewöhnliche Maß beruflicher oder häuslicher Tätigkeiten weit übersteigen. In diesem Sinne ist es durchaus gerechtfertigt, von einem Vater »nach Dienstschluss« erwarten zu dürfen, dass er z.B. einkauft, abwäscht oder das Baby spazieren fährt, wobei er möglicherweise am Anfang einige Einweisungen und Hilfestellungen benötigt.

Um Missverständnisse und unerwünschte Eingriffe in Ihr Privatleben zu vermeiden, sollten Sie hilfsbereiten Verwandten, Freunden oder Bekannten konkret mitteilen, welche Arbeiten diese übernehmen könnten. Wer mit klar ausgesprochenen Wünschen ermuntert wird, Hilfe zu leisten, die seinen individuellen Fähigkeiten entspricht, muss sich nicht überfordert fühlen und hat im besten Fall Spaß daran, etwas Sinnvolles zu tun.

Ich wollte die perfekte Mutter sein, meinem Kind sollte es gut gehen, der Haushalt sollte klappen – alles sollte so sein, wie es im Buche steht. Das Schlimmste aber war, dass ich unbedingt alles allein schaffen wollte. Heute nehme ich jede Hilfe, die ich bekommen kann, in Anspruch. Ich besuche eine Elternschule und rede ganz offen über meine Probleme, bitte Freunde um Mithilfe und weise niemanden mehr ab. Ich weiß, dass ich keine perfekte Mutter oder Hausfrau bin, und will es auch gar nicht mehr sein. *C.N.-B.*

Es hat wohl wenig Sinn, Ratschläge zu erteilen wie »Entspannen Sie sich in einer freien Minute«. Wer ständig in Alarmbereitschaft aufmerksam den Geräuschen seiner Umgebung lauscht und trotz realer Ruhe sein Baby schreien hört, ist nicht mehr fähig, einfach abzuschalten. Wie oft war ich müde und wach zugleich, erschöpft und überspannt, voll und leer, nervös und schlapp! Irgendwann gab ich es auf, schlafen zu wollen, wenn die Zeit begrenzt war. Trotz

Übermüdung nahm ich mir lieber ein Buch und versuchte, nicht daran zu denken, schlafen zu müssen. Hatte ich Glück, schlief ich doch noch ein wenig; ansonsten konnte ich mich immerhin auf andere Gedanken bringen.

Ein Vater erzählte, dass er sich im autogenen Training übte, um abschalten zu lernen. Auch Yoga könnte helfen, sich von der Last des immer währenden Alltags zu lösen. Vielleicht mögen Sie an einem Kurs der Volkshochschule teilnehmen, so dass Sie auch räumlich Abstand zur angespannten Situation bei sich zu Hause bekommen. Spaziergänge an der frischen Luft, auf einer Parkbank sitzen und vorübergehende Menschen beobachten oder Enten füttern sind möglicherweise geeignete Tätigkeiten, um trotz Nervosität etwas Ruhe zu finden.

Leider verleitet die anhaltende Unruhe einige Menschen dazu, längst aufgegebene Süchte wieder aufleben zu lassen: Die einen beginnen zu rauchen, die anderen zu trinken, über die Maßen zu essen oder zu hungern ... womit sich die gespannte Lage noch weiter zuspitzt. Sich etwas Gutes zu tun klingt leicht und nahe liegend – wer jedoch von Versagensängsten gequält wird, sich selbst nicht mehr leiden mag und an seiner Existenzberechtigung zweifelt, ist nur schwer zu motivieren. In solchen Fällen bedarf es mehr als sonst der Hilfe von Außenstehenden.

Der Aufbau von Selbsthilfegruppen für schreigeplagte Eltern ist zwar geplant, wird jedoch noch einige Zeit in Anspruch nehmen, bis ausreichend Hilfe angeboten und geleistet werden kann. Bis dahin müssen Sie selbst Initiative ergreifen und Kontakte zu Gleichgesinnten und Betroffenen suchen und Beratungsstellen ausfindig machen. Über folgende, bereits bestehende Einrichtungen können Sie Kontakte knüpfen (Adressen im Anhang):

Mütterzentren sind offene Treffpunkte für Frauen, die den Weg aus der Isolation suchen und gemeinsam mit anderen Müttern

Erfahrungen austauschen, sich gegenseitig unterstützen oder weiterbilden möchten. Über den Mütterzentren-Bundesverband erfahren Sie, welche Angebote in Ihrer Nähe bestehen.

Stillgruppen bieten eine weitere Möglichkeit, Kontakte zu knüpfen. Das Thema »übermäßig schreiende Babys« wird in der Ausbildung zur Stillberaterin bereits berücksichtigt, wobei nicht gewährleistet ist, dass in jeder Gruppe auch angemessene Hilfe geboten werden kann. Adressen von lokalen Stillgruppen erhalten Sie z.B. über die Arbeitsgemeinschaft Freier Stillgruppen oder La Leche Liga.

Auch *Erziehungs- und Familienberatungsstellen* sind mögliche Ansprechpartner für Eltern mit übermäßig schreienden Babys. Adressen von Beratungsstellen in Ihrer Nähe erhalten Sie über die Bundeskonferenz für Erziehungsberatung e.V.

Zu den hier genannten Beratungs- und Kontaktangeboten möchte ich bemerken, dass die Art und Weise der Auseinandersetzung mit »übermäßig schreienden Säuglingen« jeweils abhängig ist von den beratenden Personen und dass deren subjektive Meinungen, Kenntnisse, Erfahrungen usw. eine grundlegende Rolle spielen. Wenn Sie den Eindruck haben, missverstanden oder falsch beraten zu werden, sollten Sie auf Ihre innere Stimme hören und entsprechend handeln, d.h. Kontakte abbrechen oder die Beratungsstelle wechseln. Schließlich möchten Sie, dass Ihnen wirklich geholfen wird, und das spüren Sie selbst am besten.

Glücklich schätzen können sich Eltern, die in oder nahe bei München wohnen. Die von der Säuglingsforscherin Mechthild Papou ek gegründete »Münchner Sprechstunde für Schreibabys« am Kinderzentrum München bietet Familien mit Säuglingen, die unter chronischer Unruhe, »Dreimonatskoliken«, übermäßigem Schreien, Schlaf- oder Fütterungsstörungen leiden, ein umfassendes Beratungs- und Behandlungsprogramm an. Um einen auf die

Familie individuell zugeschnittenen Behandlungsplan zu entwickeln, versuchen die Mitarbeiter der Sprechstunde durch ausführliche Gespräche, Beobachtung elterlichen Verhaltens und Untersuchungen des Säuglings herauszufinden, welche Störungen für das übermäßige Schreien oder andere Probleme verantwortlich sein könnten. Hierbei dienen auch von den Eltern ausgefüllte mehrtägige Verhaltensprotokolle als Grundlage der Befunderhebung. (Papoušek et al., »Früherkennung«)

Erfahren und qualifiziert im Umgang mit Schrei-Babys und ihren Familien ist auch die Diplom-Psychologin Renate Barth, die im Rahmen ihrer Beratungsstelle für Eltern mit Säuglingen und Kleinkindern (»MenschensKind«) eine Spezialsprechstunde für in Hamburg wohnende Eltern exzessiv schreiender Babys anbietet. Ähnliche Beratungsangebote existieren zur Zeit in Köln, Leipzig, Berlin (Deutschland) und Wien, Salzburg, Mödling (Österreich).

So auswegslos Ihnen die Lage auch erscheinen mag: Nehmen Sie Ihre Gefühle als Wegweiser, befreunden Sie sich mit heftigen Wutausbrüchen, die Ihnen signalisieren: Bis hierhin und nicht weiter! Um neue Schritte zu wagen, ist oftmals ein unerträglicher Leidensdruck notwendig, ohne den Sie möglicherweise in den alten Schienen, die im Kreis verlaufen, verweilen würden.

Eltern von unruhigen und schlafgestörten Babys stehen häufig so sehr unter Stress, dass seelische und körperliche Zusammenbrüche ihnen signalisieren: Ob ich will oder nicht – ich kann einfach nicht mehr! In solchen Fällen haben Sie die Möglichkeit – wenn auch mit neuen Hindernissen verbunden –, eine Kur zu beantragen. Das Müttergenesungswerk bietet »Vorsorge- und Rehabilitationskuren an, die auf die Gesundheitsprobleme und Lebenslagen von Müttern ausgerichtet sind und ein umfassendes Angebot zur seelischen und körperlichen Regeneration beinhalten« (Müttergenesungswerk, *Jahrbuch*, 5).

So sehr Sie sich auch nach Erholung sehnen, werden Sie sich wahrscheinlich fragen: »Aber was mache ich mit meinen Kindern, wer soll sich um sie kümmern?« Zwar werden auch Mutter-Kind-Kuren angeboten, die meisten Einrichtungen betreuen jedoch nur Kinder ab drei Jahren, und hinzu kommt, dass die Wartezeiten für solche Kuren heute mindestens zwölf Monate betragen, im Gegensatz zu reinen Mütterkuren, die auch kurzfristig durchgeführt werden können. Wenn Sie als Mutter wirklich völlig am Ende Ihrer Kräfte sind, müssen Sie ohnehin Verstärkung mobilisieren, d.h. sich um Hilfskräfte zur Versorgung Ihrer Familie bemühen. Haben Sie keine Verwandte, Freunde oder Bekannte, die sich während Ihrer Abwesenheit um Kinder und Haushalt kümmern, sucht die Kurberaterin eine Familienpflegerin, die Ihre Kinder versorgt (Müttergenesungswerk, *Brevier,* 7).

Eine Trennung von Mutter und Kind ist sicherlich keine empfehlenswerte Grundlösung, und viele Frauen zögern zu Recht mit der Beantragung einer Kur, wenn sie daran denken, ihr Kind in die Obhut einer anderen Person geben zu müssen. Manchmal hilft bereits die Gewissheit, dass es möglich wäre, dem familiären Stress im Notfall für eine Weile zu entkommen, ohne wirklich davon Gebrauch zu machen. Sie können auch trotz langer Wartezeit eine Mutter-Kind-Kur beantragen, um sich ein längerfristiges Ziel zu setzen.

Beratungs- und Vermittlungsstellen finden Sie über die Wohlfahrtsverbände: Arbeiterwohlfahrt, Caritasverband, Paritätischer Wohlfahrtsverband, Deutsches Rotes Kreuz, Diakonisches Werk (Telefonnummern und Adressen im örtlichen Telefonbuch) oder durch das Deutsche Müttergenesungswerk (Adresse im Anhang).

Im Falle von Krankheit oder anderweitiger Abwesenheit der Mutter bietet der Notmütterdienst, Familie- und Altenhilfe e.V. stundenweise bis rund um die Uhr Betreuungsdienste an. Die

Kosten werden nach vorheriger Absprache festgesetzt und in vielen Fällen teilweise von den Krankenkassen, Sozialämtern oder Versicherungen übernommen. Wenn Sie eine Tages- oder Pflegemutter für Ihre (weiteren) Kinder suchen, erhalten Sie über den Tagesmütter Bundesverband für Kinderbetreuung in Tagespflege e.V. weiterführende Informationen. (Adressen im Anhang)

Um den Alltag mit einem übermäßig schreienden Baby zu bewältigen, sind viele kleine Schritte notwendig. Dabei ist die Grundversorgung der Familie wichtiger als Hausarbeiten, die überwiegend der äußeren Reinlichkeit dienen. Alle Arbeiten sollten genau geplant und/oder an Hilfskräfte delegiert werden: Einkäufe, Essenszubereitung, Reinigung von Wäsche und Geschirr, Betreuung von Geschwisterkindern, Pflege der Haustiere, Pflanzen usw. Dass eine Mutter und Hausfrau in dieser Ausnahmesituation von möglichst vielen Tätigkeiten entlastet wird, müsste selbstverständlich sein. Unerwünschten Einmischungen in Ihr Privatleben können Sie am besten vorbeugen, indem Sie konkrete Wünsche äußern und Aufgaben klar verteilen. Hilfsbereite Mitmenschen sind im Umgang mit schreienden Babys oft verunsichert und wahrscheinlich dankbar, wenn sie z.B. im Haushalt tatkräftige Unterstützung leisten dürfen.

Suchen Sie Kontakte zu anderen (schreigeplagten) Eltern z.B. über Mütterzentren und Stillgruppen. Auch Erziehungs- und Familienberatungsstellen sind mögliche Ansprechpartner für familienbezogene Probleme. Eltern aus München und Umgebung können sich an die »Münchner Sprechstunde für Schreibabys« wenden. Weitere Adressen spezieller Beratungsstellen für Schrei- und Schlafprobleme finden Sie im Anhang.

Wenn Sie an Mütterkuren interessiert sind, können die Wohlfahrtsverbände und das Müttergenesungswerk Ihnen weiterhelfen. Im Falle von Krankheit oder Abwesenheit der Mutter bietet der Notmütterdienst stundenweise bis rund um die Uhr Betreuungsdienste an. Auf der Suche nach Tages- oder Pflegeeltern wenden Sie sich am besten an den Tagesmütter Bundesverband. (Adressen im Anhang)

Nachwehen und Erkenntnisse

Obwohl die Phasen unaufhörlicher Unruhe lange hinter uns liegen, kann ich die erste Zeit mit meiner Tochter nicht vergessen. Dass Jana sich zu einem freundlichen, aufgeschlossenen, kontaktfreudigen und neugierigen Kleinkind entwickeln würde, hätte ich während ihrer ersten Lebensmonate kaum zu hoffen gewagt. Mir war, als hätte ich alles verdorben, ihr Leben zerstört und damit auch meines, jeden Keim des Glücks erstickt und mit unserem leidgeplagten Start die gesamte Zukunft meines Kindes verbaut. Ich hatte mir so viel vorgenommen, als Jana geboren war – und nichts von alledem schien mir zu gelingen. Oder vielleicht doch?

Es dauerte lange Zeit, bis ich erkannte, dass unser Problem kein Todesurteil bedeutete, sondern eine besonders hürdenreiche Herausforderung an meine Ideale darstellte, die ich auf unerwartete Weise in der Realität zu prüfen hatte. Wurde ich in meinem Leben oft belächelt, da ich mir leistete, naive Vorstellungen von Ehrlichkeit und Achtung im Umgang mit Kindern zu äußern, durfte ich nun in größtem Maße beweisen, dass Fehler und Missverständnisse nicht unbedingt zum Scheitern einer Beziehung führen, sondern durchaus fördernd wirken, wenn sie rechtzeitig anerkannt statt verdrängt werden. »Mit dem Teufel Freundschaft schließen, ohne ihm zu verfallen« – unter diesem Motto hielt ich den fast unerträglichen Anforderungen unseres qualvollen Familienlebens stand.

Neidisch, voller Verdruss und Traurigkeit blickte ich Kinderwagen schiebenden Müttern nach, deren Babys friedlich schliefen, und fühlte mich um diese Erfahrung betrogen. Doch nicht alle so friedlich wirkenden Babys entwickelten sich zu problemlosen Kleinkindern. Irgendwann klarte meine Sichtweise auf, und ich stellte fest, dass in vielen angeblich reibungslos funktionierenden Familien tief steckende Konflikte wüteten, die kaum jemand wahrzunehmen vermochte. Das Schreien unserer Tochter war nicht zu überhören – die vielen unterdrückten Schreie hinter verschlossenen Türen meiner Mitmenschen habe ich damals nicht vernommen. Heute weiß ich darum und leiste mir weiterhin naive Vorstellungen, in denen unsere Kinder würdevoll behandelt und geschützt werden – trotz oder gerade wegen meines Wissens um so viel Leid auf dieser Welt. Ich meine, dass wir unseren Kindern schuldig sind, für die Verwirklichung der Hoffnungen zu kämpfen, die wir in sie setzen. So auswegslos die Lage auch erscheint – Kinder sind noch klein und haben ein längeres Leben vor sich als wir Erwachsene. Dabei sollten wir sie, so lange wir können, begleiten.

Gleich zu Beginn ihrer Beziehung erleben Mutter (Vater) und Kind einander in Situationen, die wahre Gefühle hervorrufen und beleben. Lange vor der sog. Trotzphase muss eine Mutter erfahren, dass ihre Zuwendungen zum Teil heftig abgelehnt werden, dass sie nicht alles sein kann für ihr Baby, dass dieses scheinbar schwache und ohnmächtige Wesen eine starke und durchsetzungsfähige Persönlichkeit ist. Obwohl ich unsere leidvollen frühen Erfahrungen niemals freiwillig herbeigewünscht hätte, nehme ich sie als sinnvolle Herausforderung an und versuche mir vorzustellen, was passiert wäre, wenn nicht: Hätte ich vielleicht grobe Fehler übersehen? Wäre ich zu leicht in die Spurrillen meiner Eltern gerutscht? Brauchte ich dieses »schwere Schicksal«, um endlich aus mir herauszukommen?

Das übermäßige Schreien eines Säuglings während seiner ersten Lebensmonate prägt die Beziehungen zwischen Mutter, Vater und Kind(ern), darin besteht wohl keine Frage. Zwischenmenschliche Störungen müssen jedoch keine notgedrungene Folge davon sein. Wird eine Mutter z.B. insgesamt sensibler und nervlich weniger belastbar, entwickelt sie zugleich die Fähigkeit, sich in ihr Baby einzufühlen. Dass sie schnell die Fassung verliert und häufiger gereizt reagiert, ist die Folge ihrer seelischen und körperlichen Dauerbelastung. Wenn ich daran denke, wie oft ich herumgebrüllt, Türen geknallt oder Gegenstände kaputtgeschlagen habe, während meine Tochter dabei war, spüre ich noch heute meine Angst, das schlechte Gewissen, Schuldgefühle und die Befürchtung, Janas Seele unwiderruflich zerstört zu haben. Doch statt schüchtern, antriebslos, kontaktscheu, ängstlich und gebrochen erlebe ich Jana selbstbewusst, mutig, offen und herzlich im Umgang mit ihren Mitmenschen. Nach all den erlebten Qualen weiß sie ihre Eltern einzuschätzen, kennt unsere Schwächen und Stärken und kann Freud von Leid unterscheiden.

Ein Kind kann seine Wut im Bauch nicht verbergen, und es muss entsprechend verwirrt reagieren, wenn es einem Erwachsenen begegnet, der sich freundlich verhält, während er Hass und Abscheu empfindet. Eltern, denen es gelungen ist, Freundschaft mit ihren hässlichen Gefühlen zu schließen, erhalten die Chance, ihre Kinder zu verstehen und ihnen auf diese Weise Halt und Geborgenheit zu vermitteln. Haben sie jedoch ihre eigene Kindheit nicht aufgearbeitet und Angst vor dem Aufbrechen angestauter, ungelöster Aggressionen, besteht die große Gefahr, dass sie solche unbemerkt an ihren Kindern auslassen, indem sie diese bestrafen, sobald sie schreien, toben und wüten. Wenn die Eltern-Kind-Beziehung gestört ist, beruht das weniger auf dem Schreien an sich als auf seiner Unterdrückung. Hiervon können Eltern ruhiger Babys ebenso betroffen sein, wobei die Konflikte zunächst im Verborgenen bleiben, um auf andere Weise (später) an die Oberfläche zu gelangen.

Nun ist es sicher schwer, einem wenige Wochen oder Monate alten Säugling zu vermitteln, dass er unschuldig an den Wutausbrüchen seiner Eltern ist, und ich möchte auch nicht dafür plädieren, dass Sie Ihr Baby anschreien sollen. Aber es ist leider nicht immer möglich, Wutgefühlen planmäßig Raum zu verschaffen, und auch wenn Sie sich beherrschen, spürt das Kind Ihre gespannte Haltung. Statt sich zu schämen und solche Ausbrüche zu verschweigen, in der Hoffnung, Ihr Baby würde sie schon irgendwann vergessen, sollten Sie darüber sprechen: zu sich selbst, Ihrem Kind, dem Partner, einem Tagebuch ... Geben Sie sich und Ihrem Kind die Chance, erlittene Schmerzen zu verarbeiten – jetzt und später. Sie werden bald merken, wie befreiend der ehrliche Umgang mit schmerzhaften Erlebnissen ist, und hoffentlich erfahren, dass Schwächen, zu denen Sie stehen, ein beruhigendes Maß an Stärke verleihen.

Es war eine schwere Zeit, aber auch ein drittes Kind würde ich wieder so viel tragen und nicht schreien lassen. Wenn ich mir meine Kinder jetzt angucke, hat es sich gelohnt: Clara ist aufgeweckt und für ihr Alter sehr sozial. Sie hat ein Urvertrauen erfahren, das sie sehr stark macht. Ich bin sehr stolz auf sie und habe viel aus diesen Zeiten gelernt: meine Grenzen erfahren, meine Geduld und meine Kraft. *E.K.*

Die ersten unruhigen Monate mit ihrem Baby zu vergessen gelingt vielen Eltern schon deshalb nicht, da neue Probleme auf sie zukommen und die alten unmerklich ablösen. Schlafprobleme ziehen sich manchmal hin oder tauchen erneut auf, und am Ende des ersten Lebensjahres entdecken die meisten Kinder, dass sie sich von ihren Eltern fortbewegen können, und stellen ihre neugewonnene Unabhängigkeit auf die Probe. Wieder erleben die Eltern, dass ihre Zuwendungen abgelehnt werden, und schlecht verheilte Wunden brechen auf, erwecken gerade überwunden geglaubte Schmerzen aus der Vergangenheit.

Obwohl ich um die Ursachen und Notwendigkeit des für mich teilweise schwer nachvollziehbaren »Trotzverhaltens« meiner Tochter wusste, reagierte ich oft heftiger darauf, als nötig gewesen wäre. Zeitweise wüteten unerträgliche Ängste in mir und ließen mich regelrecht zittern, als fehlte mir eine lebenswichtige Tankfüllung, die bereits während des ersten Lebensjahres bis auf den letzten Reservetropfen verbraucht war. Durchatmen, endlich einmal tief und entspannt durchatmen wollte ich – stattdessen musste ich nun mit einem widerwilligen Kleinkind verhandeln, um es wickeln oder anziehen zu dürfen, ständig gefasst auf wütendes Schreien, Treten und Schlagen – auf der Hut vor meiner Tochter, die gleichzeitig unsere Nähe suchte oder gar klammerte. Nach einem ruhigeren ersten Lebensjahr wäre ich in dieser Phase mit Sicherheit weniger verletzlich gewesen, als ich es war, bin und in Zukunft sein werde.

Leiden schafft leidenschaftliche Gefühle ... Hin und her gerissen zwischen Mitleid, Liebe und Hass wird das ohnehin wackelige Gefühlsleben um seinen Halt gebracht, Kinder und Eltern sind irritiert und bangen um ihre Sicherheit, von Ängsten getrieben schimpfen oder schlagen sie ziellos um sich, trotz des Wissens um die negativen Auswirkungen ihres Verhaltens. Dass die Willensstärke eines Menschen durch explosive Reibungen an Kraft gewinnt, lässt Eltern und Kinder häufiger aneinander geraten, als es unter ruhigeren Bedingungen notwendig wäre. Ob jedoch ein Kind insgesamt willensstärker, durchsetzungsfähiger und selbständiger durch solche leidenschaftlichen Erfahrungen wird, hängt von vielen Faktoren ab und muss keine notwendige Folge seiner unruhigen Babyzeit sein.

Während die eine Mutter berichtet, ihr Kind sei nach Abklingen der Schreiphase außerordentlich umgänglich und selbständig geworden, berichten andere von verstärktem Trotz und der mangelnden Fähigkeit, sich alleine zu beschäftigen. Hobbypsychologen wären vielleicht verleitet, solche Entwicklungen voreilig zu deuten, indem sie daraus interpretieren, wie »gut« oder »schlecht« die Eltern mit ihren Problemen fertig geworden sind. Bei meiner Tochter habe ich im Grunde alle Seiten erlebt und beobachten können, und ich werde mich hüten, daraus verallgemeinernde Schlüsse zu ziehen.

Einige Mütter, die sich weitere Kinder wünschten oder bereits schwanger waren, stellten mir die Frage, ob »übermäßiges Schreien« bzw. »Koliken« vererbbar seien, in der Furcht, noch einmal eine so anstrengende Zeit erleben zu müssen. Um den Eltern Mut zu machen, wäre es leicht gewesen, von der Mehrzahl der Fälle zu berichten, wo die Geschwister der Schrei-Babys ihren Eltern weitaus weniger Probleme bereiteten. Dennoch kommt es auch vor, dass zwei oder drei Kinder einer Familie unruhige, übermäßig schreiende Babys waren:

Niemals hätte ich gedacht, dass so schnell der Wunsch nach einem zweiten Kind in mir hochkommen würde. Einige Wochen nachdem Clara durchschlief, war alles wie vergessen. Paul kam fast auf den Tag genau zweieinhalb Jahre später zur Welt und: schrie! In der Schwangerschaft haben wir uns viele Gedanken gemacht, was passiert, wenn wir wieder auf solch eine Zerreißprobe gestellt würden. Jeder versicherte uns: Die zweiten sind pflegeleichter, man ist beim zweiten gelassener usw. Nun haben wir einige schöne Wochen zu viert verbracht, und was soll ich sagen: Ich ertappe mich manchmal bei dem Gedanken an ein drittes ... und bestimmt brüllt auch dieses! *E.K.*

Solch ein Beispiel wirkt sicher nicht ermutigend – dennoch halte ich es für wichtig, Häufungen von Schreiproblemen innerhalb einer Familie zu erwähnen, da sie irreführenden Vorurteilen widersprechen. Außerdem geht aus ihnen hervor, dass negative Erfahrungen einen nicht grundsätzlich daran hindern, sich weitere Kinder zu wünschen.

Niemand kann Ihnen mit vollkommener Sicherheit voraussagen, wie ruhig oder problembeladen die Babyzeit eines Ihrer nächsten Kinder verlaufen wird. Dennoch dürfen sich alle Eltern hoffnungsvolle Illusionen leisten und aus den Berichten vieler Mehrfacheltern Mut schöpfen, die z.B. so klingen:

Trotz allem haben wir uns dann noch zu einem zweiten Kind entschlossen. Unser Sohn Lasse ist Fabian zwar in manchen Dingen sehr ähnlich, aber viel ruhiger, wird nachts ein- bis zweimal wach und ist tagsüber viel zufriedener. Ihn konnten wir von Anfang an viel mehr genießen. *S.B.*

Durch meine Erfahrungen mit Jana, unserem ersten und einzigen Kind, wurde ich aus Träumen und Vorstellungen geweckt, die mir heute fremd und untragbar erscheinen. Zweifel, Ängste und Fragen stiegen aus einem grenzenlos wirkenden Dschungel empor, ließen mich wieder einmal spüren, wie klein, nichtig und unvollkommen ich bin. Die Begrenzung meiner Macht war außerordentlich schmerzhaft – bedeutete aber zugleich eine geborgenheitsspendende Hülle, die mich daran hinderte, ziellos umherzuirren. In diesem Sinne habe ich gelernt, Janas Herausforderungen anzunehmen, ihr Aufschreien deutlich zu beantworten und konsequent Grenzen zu setzen. Sie sind weder starr noch stur – und täglich stelle ich mein Handeln erneut in Frage: um zu denselben, manchmal aber auch völlig neuen Ergebnissen zu gelangen.

Oft habe ich den Eindruck, als sei ich ein Stoßdämpfer zwischen meiner Tochter und der Wirklichkeit. Ich warne, bereite vor, erkläre, halte zurück und lasse los – mal sind wir eng und innig miteinander verbunden, dann wieder durch Hindernisse voneinander entfernt. Weder das eine noch andere wäre als Dauerzustand erträglich – doch beides in stetem Wechsel erweckt tiefe Empfindungen zwischen Sehnsucht und Überdruss. Die Bereitschaft zweier Menschen, sich immer wieder von neuem, freiwillig und mit Hingabe auf eine Beziehung einzulassen, ist vielleicht Ausdruck von wahrer Liebe – ein Begriff, der so sehr strapaziert wurde, dass ich ihn kaum ins Spiel zu bringen wage.

Stoßdämpfer, die unvorhersehbare Abenteuerfahrten auf gebirgigen Schotterwegen, Steinschlägen und Müllkippen überstanden haben, gewähren Eltern und ihren Kindern eine solide Beziehung, von der alle Beteiligten wissen, dass sie nicht auf Schuld und Einbildung gebaut wurde, sondern Ergebnis einer gemeinsam durchlebten und erfahrenen Leidensgeschichte ist.

Es war eine unwahrscheinlich schwere Zeit; ich möchte das alles nicht noch einmal erleben. Aber es war auch eine Chance für uns, sehr viel zu lernen, uns selbst, unser Leben, unsere Gesellschaft zu hinterfragen und Einsichten zu gewinnen, die wir sonst nie erreicht hätten. Wir sind reifer und stärker geworden – es ist nur schlimm, dass Josephine so viel dafür leiden musste. Aber vielleicht sollten wir auch dankbar sein, durch unser sensibles Kind auf so viele Missverhältnisse in unserer Lebensform aufmerksam geworden zu sein. *D.H.*

So sehr der Wunsch entsteht, die erste Zeit mit einem unruhigen Baby zu vergessen, in der Stress, Trauer, Wut, Verzweiflung und Niedergeschlagenheit überwogen, bleiben die Erinnerungen doch für den Rest des Lebens gespeichert, wenn sie auch verblassen und langsam in die Tiefe sacken. Unverdautes gelangt durch das Aufkommen neuer Konflikte rasch an die Oberfläche, etwa wenn das Kleinkind beginnt, sich von seiner Mutter zu lösen und den eigenen Willen zu behaupten. Dabei kann es leicht zu Überreaktionen und ungerechten Beschuldigungen kommen, wenn die Eltern nicht gelernt haben, ihre eigenen Probleme, deren Wurzeln bis in die Kindheit reichen, zu erkennen. Sie können sich selbst und Ihrem Kind am besten helfen, wenn Sie versuchen, diese Zeit bewusst zu verarbeiten und in Freundschaft damit leben zu lernen, indem Sie Ihre Probleme ansprechen, aufschreiben und sich mit anderen betroffenen Eltern austauschen.

In dieser offenen Auseinandersetzung werden Sie hoffentlich eine unbezahlbare und Gewinn bringende Chance erkennen, sich von tief sitzenden Konflikten zu lösen, die ohne Ihr schreiendes Baby eher im Verborgenen geblieben wären.

Einsichten – Aussichten

Bevor ich mit den Arbeiten für dieses Buch begann, hatte ich mir weitaus mehr vorgenommen, als mir nun gelungen ist. Einige Eltern kämpfen auch während des zweiten und dritten Lebensjahres ihrer Kinder noch mit Schlaf- und Schreiproblemen, die sich kaum mit den hier beschriebenen Methoden behandeln lassen. Dem Entwicklungsstand angemessen müssen Verhaltensformen ständig neu überdacht und erprobt werden.

Ohne dass ich tagtäglich einen Erziehungsratgeber zur Hand nehmen musste, wuchsen meine mütterlichen Fähigkeiten, Janas Schreien zu deuten. Gleichzeitig wurden ihre Ausdrucksformen vielfältiger, sie begann zu lächeln, sich mit ihrem ganzen Körper ab- oder zuzuwenden. Konzeptlos erweiterte ich mein persönliches Terrain und ließ mich von Gefühlen leiten wie eine Schnecke, die so lange läuft, bis ihre Fühler an ein Hindernis stoßen. Aus jedem Zusammenstoß lernte ich, wurde vorsichtiger und gleichzeitig mutiger im Umgang mit Jana. Sobald ein Punkt erreicht war, an dem ich zutiefst spürte: »Bis hierhin und auf keinen Fall weiter!«, konnte ich ihre wütenden Reaktionen ertragen und konsequent bleiben. Der Leidensweg bis zum Höhepunkt war dabei Motor einer Kraft, die dazu führte, dass ich Grenzen setzte.

Dass heute noch niemand mit Sicherheit sagen kann, warum die einen mehr als andere Babys schreien, habe ich inzwischen akzeptiert. Dass dies jedoch ein Grund sein sollte, überlieferte Vorurteile zu pflegen, statt dafür zu kämpfen und zu arbeiten, sie endlich und so oft wie möglich zu widerlegen, möchte ich nicht einfach hinnehmen.

Auch dieses Buch kann nur Ausdruck einer Zwischenstation sein. Es steckt voller »Halbwahrheiten« und Widersprüche, vermag weder Ihr Baby zu streicheln noch den heiß ersehnten Schlaf zu schenken. Es liegt in Ihrer Macht, wie Sie damit umgehen, und nachdem ich es aus meinen Händen gegeben habe, überlasse ich es jedem zu seiner freien Verfügung. Dabei wünsche ich mir, dass Sie sich selbst treu bleiben und lieber Ihrer Intuition als stilvoll klingenden, überzeugend wirkenden Worten trauen.

Aber was wäre ein Ende ohne neuen Anfang? Unter dem Motto »Trostreich« möchte ich zur Gründung von Selbsthilfegruppen für Eltern übermäßig schreiender (Kolik-)Babys aufrufen. Wenn Sie als ehemals betroffene Eltern, Mutter oder Vater das Bedürfnis haben, Hilfesuchende an Ihren Erfahrungen teilhaben zu lassen, bereit sind zuzuhören und sich Ihren Möglichkeiten entsprechend zu engagieren, würde ich mich über Ihre Mitarbeit sehr freuen. Niemand braucht mehr zu tun und geben, als er kann oder möchte! Jede Hilfe ist willkommen! Und wenn sie nur für eine Minute Ruhe reicht ...

> Erfahrungen und Erkenntnisse im Umgang mit sich selbst und seinen kleinen bis großen Mitmenschen sind immer das Ergebnis einer ganz individuellen Lebensgeschichte. Daraus resultierende, verallgemeinernde Ratschläge können die persönliche Auseinandersetzung mit Problemen nicht ersetzen. Ob und wie Sie von den Wegweisungen anderer Gebrauch machen, müssen Sie ständig neu entscheiden und in Frage stellen, wenn Sie Ihrem eigenen Wesen treu bleiben möchten.

Anhang

Quellen

Alvin, Juliette: *Musiktherapie*. Ihre Geschichte und ihre moderne Anwendung in der Heilbehandlung. München und Kassel, Basel, London: dtv und Bärenreiter, 1984.

Arbeitsgemeinschaft Allergiekrankes Kind (AAK) e.V. (Hrsg.): *ABC der Ernährung – Informationen für Eltern allergisch veranlagter Kinder*. Herborn: Arbeitsgemeinschaft Allergiekrankes Kind, 1994.

Barth, Renate: *Projekt »Schreibabys«. Abschlußbericht*. Hamburg: Behörde für Arbeit, Gesundheit und Soziales, 1995.

Boston Children's Hospital (Hrsg.): *Das große Kindergesundheitslexikon*. München: dtv, 1994.

Carey, W.B.: »Maternal anxiety and infantil colic – is there a relationship?« In: *Clinical Pediatrics,* 7, 1968: 590-595.

Chamberlain, David: *Woran Babys sich erinnern*. München: Kösel, [4]1998.

Du, Joseph N.H.: »Colic as the sole symptom of urinary tract infection in infants«. In: *Journal of Canadian Medical Association,* 115, 1976: 334-337.

Dudenredaktion, Wissenschaftlicher Rat der (Hrsg.): *Der große Duden*. Bd. 7. Herkunftswörterbuch. Mannheim: Bibliographisches Institut, 1963.

Foerster, Hans-Christoph: *Unruhige Kinder in der deutschen Pädiatrie und Kinderpsychiatrie zwischen 1760 und 1980*. Dissertation Freiburg, 1987.

Illing, Stephan: *Allergische Erkrankungen im Kindesalter*. Stuttgart: Hippokrates, 1988.

Illing, Stephan: *Mein Kind ist allergisch*. Ravensburg: Ravensburger, 1997.

Illingworth, Ronald Stanley: »Three month' colic«. In: *Archives of Disease in Childhood*, 29, 1954: 165-174. (Deutsche Übersetzung der angeführten Zitate von Herbert Henck)

Illingworth, Ronald Stanley: »Infantile colic revisited«. In: *Archives of Disease in Childhood*, 60, 1985: 981-985.

Illingworth, Ronald Stanley: *Leitsymptome der Kinderkrankheiten.* Stuttgart: Hippokrates, 1981.

John, Veronika: »Wenn das Schreien unerträglich wird«. In: *Ja zum Kind*, 1, 1996: 56-59.

Kirkilionis, Evelin: *Der menschliche Säugling als Tragling unter besonderer Berücksichtigung der Prophylaxe gegen Hüftdysplasie.* Dissertation Freiburg, 1989.

Largo, Remo H.: *Babyjahre.* Hamburg: Carlsen, 1994.

Leboyer, Frédérick: *Sanfte Hände. Die traditionelle Kunst der indischen Baby-Massage.* München: Kösel, [16]1997.

Lentze, Michael J.: »Der unruhige Säugling mit Bauchschmerzen«. In: *Der unruhige Säugling.* Fortschritte der Sozialpädiatrie Bd. 13. Pachler, Milan J./Straßburg, Hans-Michael (Hrsg.). Lübeck: Hansisches Verlagskontor, 1990: 105-114.

Lenz, Gisela M.: *Musiktherapie bei frühen Interaktionsstörungen am Beispiel von »Schrei-Babys«. Abschlußbericht für die Andreas-Tobias-Kind-Stiftung über das geförderte Projekt.* Unveröffentlichtes Manuskript.

Müller, Herbert: »Unruhe und gastroösophagealer Reflux beim Säugling«. In: *Der unruhige Säugling.* Fortschritte der Sozialpädiatrie Bd. 13. Pachler, Milan J./Straßburg, Hans-Michael (Hrsg.). Lübeck: Hansisches Verlagskontor, 1990: 115-124.

Müttergenesungswerk: *MGW Jahrbuch 1996.* Kurenplan. Stein/Mittelfranken: Deutsches Müttergenesungswerk, 1995.

Müttergenesungswerk: *Ein hilfreiches Brevier für alle Mütter: Müssen Mütter stärker als Dinosaurier sein?* Stein/Mittelfranken: Deutsches Müttergenesungswerk, Dezember 1994.

Pachler, Milan J./Straßburg, Hans-Michael (Hrsg.): *Der unruhige Säugling.* Fortschritte der Sozialpädiatrie Bd. 13. Lübeck: Hansisches Verlagskontor, 1990.

Papou ek, Mechthild: »Affektive Verhaltensregulation des Säuglings in der Eltern-Kind-Interaktion«. In: *Der unruhige Säugling.* Fortschritte der Sozialpädiatrie Bd. 13. Pachler, Milan J./Straßburg, Hans-Michael (Hrsg.). Lübeck: Hansisches Verlagskontor, 1990: 203-221.

Papou ek, Mechthild: »Beobachtungen zur Auslösung von Schreiepisoden im frühen Säuglingsalter«. In: *Sozialpädiatrie in Praxis und
Klinik*, 7, Nr. 2, 1985: 86-92.

Papou ek, Mechthild: »Psychobiologische Aspekte des Schreiens im
frühen Säuglingsalter«. In: *Sozialpädiatrie in Praxis und Klinik*, 6, Nr.
9, 1984: 517-526.

Papou ek, Mechthild: »Umgang mit dem schreienden Säugling«. In:
Sozialpädiatrie in Praxis und Klinik, 7, Nr. 6, 1985: 294-300.

Papou ek, Mechthild: »Umgang mit dem schreienden Säugling und sozi-
alpädiatrische Beratung«. In: *Sozialpädiatrie in Praxis und Klinik*, 7,
Nr. 7, 1985: 352-357.

Papou ek, Mechthild/Hofacker, Nikolaus von/Malinowski, Martina/Jacu-
beit, Tamara/Cosmovici, Beatrice: »Früherkennung und Prävention von
Störungen der Verhaltensregulation und der Eltern-Kind-Beziehungen:
Erste Ergebnisse aus der ›Münchner Sprechstunde für Schreibabys‹.«
In: *Sozialpädiatrie und Kinderärztliche Praxis*, 16, Nr. 11, 1994:
680-686.

Paradise, Jack L.: »Maternal and other factors in the etiology of infantile
colic«. In: *Journal of the American Medical Association*, 197, 1966:
123-131. (Deutsche Übersetzung der angeführten Zitate von Herbert
Henck)

Prekop, Jirina: *Schlaf Kindlein – verflixt noch mal!* München: Kösel,
[4]1997.

Rohr, Michael: »Der unruhige Säugling in der kinderärztlichen Praxis. In:
Der unruhige Säugling. Fortschritte der Sozialpädiatrie Bd. 13. Pach-
ler, Milan J./Straßburg, Hans-Michael (Hrsg.). Lübeck: Hansisches
Verlagskontor, 1990: 270-288.

Schweinitz, Dagmar von: »Was hat das Kind denn bloß?«. In: *Junge
Familie*. 6/1992: 20-22.

Schubiger, G.: »Säuglingskoliken«. In: *pharma-kritik*, 7, Nr. 8, 1985.

Schweizer, Christel/Prekop, Jirina: *Was unsere Kinder unruhig macht ...*
Stuttgart: Trias, 1991.

Shaver, Benjamin A.: »Maternal personality and early adaptation as
related to infantile colic«. In: *Psychological Aspects of a First
Pregnancy and Early Postnatal Adaption*. P.M. Shereshefsky/L. J.
Yarrow (Hrsg.). New York: Raven Press, 1973: 209-215.

Solter, Aletha J.: *Warum Babys weinen*. München: Kösel, [7]1996.

Stadelmann, Ingeborg: *Die Hebammen-Sprechstunde*. Ermengerst: Ei-
genverlag, 1994.

Straßburg, Hans-Michael: »Einführung«. In: *Der unruhige Säugling. Fortschritte der Sozialpädiatrie* Bd. 13. Pachler, Milan J./Straßburg, Hans-Michael (Hrsg.). Lübeck: Hansisches Verlagskontor, 1990: 3-14.

Taubmann, Bruce: *Wenn mein Baby zuviel weint.* Ravensburg: Ravensburger, 1993.

Tomatis, Alfred: *Klangwelt Mutterleib.* München: Kösel, [2]1996.

Trenkle, Hermann: *Wetterfühligkeit.* Niedernhausen/Ts.: Falken, 1989.

Wolke, Dieter: »Die Entwicklung und Behandlung von Schlafproblemen und exzessivem Schreien im Vorschulalter«. In: *Verhaltenstherapie mit Kindern.* Franz Petermann (Hrsg.). München: Gerhard Röttger, [2]1993: 154-298.

Wurdinger, Monika: »Sojaprodukte in der Ernährung von Säuglingen und Kleinkindern«. In: *Kind Ernährung Umwelt,* 3.2 (August 1995): 24-27.

Weiterführende Literatur

Die folgende Literaturauswahl ist weder vollständig noch stellvertretend für meine persönlichen Ansichten. Bücher können kein Abbild allgemeingültiger Wahrheit sein, wohl aber als Anregung dienen, den eigenen, ganz individuellen Weg zu finden.

Schrei- und Schlafprobleme

Jackson, Deborah: *Drei in einem Bett.* Schlafen mit Kind. Reinbek: Rowohlt, 1991.

Kast-Zahn, Annette/Morgenroth, Hartmut: *Jedes Kind kann schlafen lernen. Vom Baby zum Schulkind: Wie Sie Schlafprobleme Ihres Kindes vermeiden und lösen können.* Ratingen: Oberstebrink & Partner, [2]1995.

Kitzinger, Sheila: *Wenn mein Baby weint. Praktische Hilfen und Informationen für Eltern.* München: Kösel, [3]1990.

Prekop, Jirina: *Schlaf Kindlein – verflixt noch mal! Ein Ratgeber für genervte Eltern.* München: Kösel, [4]1996.
Solter, Aletha J.: *Warum Babys weinen. Die Gefühle von Kleinkindern.* München: Kösel, 1987.

Frühkindliche Entwicklung, Psychologie, Kommunikation

Ballhausen, Ingeborg: *Kinderseelen sind verletzlich.* Berlin: Urania, [5]1996.
Largo, Remo H.: *Babyjahre. Die frühkindliche Entwicklung aus biologischer Sicht. Das andere Erziehungsbuch.* München: Piper, [5]1997.
Nack, Cornelia: *Wenn Eltern aus der Haut fahren. Von der Unmöglichkeit, immer liebevoll, geduldig und ausgeglichen zu sein.* München: Kösel, 1998.
Prekop, Jirina: *Der kleine Tyrann. Welchen Halt brauchen Kinder?* München: Kösel, [18]1997.
Prekop, Jirina: *Hättest du mich festgehalten ... Grundlagen und Anwendung der Festhalte-Therapie.* München: Goldmann, 1996.
Samalin, Nancy/Whitney, Catherine: *Wütende Eltern – Bockige Kinder. Ausbruch aus dem Teufelskreis von Aggression und Ohnmacht.* München: Droemer Knaur, 1994.

Tragen, Körperkontakt, Babymassage und -gymnastik

Hilsberg, Regina: *Körpergefühl. Die Wurzeln der Kommunikation zwischen Eltern und Kind.* Reinbek: Rowohlt, 1985.
Leboyer, Frédérick: *Sanfte Hände. Die traditionelle Kunst der indischen Baby-Massage.* München: Kösel, [16]1997.
Leboyer, Frédérick: *Geburt mit Leboyer. 2: Sanfte Hände.* Video. München: Kösel, [12]1997.
Ludington-Hoe, Susan M./Golant, Susan K.: *Liebe geht durch die Haut. Eltern helfen ihrem frühgeborenen Baby durch die Känguruh-Methode.* München: Kösel, 1994.
Zeiß, Gabriele: *Babyfitneß. Massage, Spiele, Gymnastik und Schwimmen für Kinder im 1. Lebensjahr.* Niedernhausen/Ts.: Falken, [9]1998.

Stillen

Lothrop, Hannah: *Das Stillbuch*. München: Kösel, [23]1998.
Lothrop, Hannah: *Beim Stillen ganz gelassen sein. Massagen, Atem- und Körperübungen für Mütter*. CD. München: Kösel, 1998.
Trienekens, Frauke: *Das Still-Video*. Video. München: Kösel, 1997.

Geschwister, Zwillinge

Endres, Wolfgang: *Geschwister ... haben sich zum Streiten gern*. Weinheim: Beltz/Quadriga, [5]1992.
Gratkowski, Marion von: *Zwillinge. Mit ihnen fertig werden, ohne fertig zu sein*. Stuttgart: Trias, [3]1991.
Haberkorn, Rita: *Zwillinge. Was Eltern und Pädagogen wissen müssen*. Reinbek: Rowohlt, 1996.
Kammerer, Dorothea: *Die lieben Geschwister. Ihre Rivalität verstehen – ihren Zusammenhalt stärken*. München: Mosaik, 1996.
Mähler, Bettina: *Geschwister. Krach und Harmonie im Kinderzimmer*. Reinbek: Rowohlt, 1992.

Alleinerziehung

Felbinger, Helga: *Und den Alltag schaff' ich auch. Ein Ratgeber für alleinerziehende Mütter*. München: Piper, 1993.
Häsing, Helga/Gutschmidt, Gunhild: *Handbuch Alleinerziehen. Mit Rechtsratgeber*. Reinbek: Rowohlt, 1992.

Allergien, Ernährung

Arbeitsgemeinschaft Allergiekrankes Kind (AAK) e.V. (Hrsg.): *ABC der Ernährung – Informationen für Eltern allergisch veranlagter Kinder*. Herborn: Arbeitsgemeinschaft Allergiekrankes Kind, 1994.
Illing, Stephan: *Mein Kind ist allergisch*. Berlin: Urania, 1997.
Rabe, Ute: *Das Kochbuch für Eiweißallergiker. Vollwertige Rezepte ohne Gluten, Milch- und Hühnereiweiß*. München: Heyne, 1995.

Hyperaktivität

Prekop, Jirina/Schweizer, Christel: *Unruhige Kinder. Ein Ratgeber für beunruhigte Eltern.* München: dtv, 1997.

Schweizer, Christel/Prekop, Jirina: *Was unsere Kinder unruhig macht... Ein Elternratgeber: Aufklärung über Ursachen der Hyperaktivität, Empfehlungen zur Förderung der normalen Entwicklung.* Stuttgart: Trias, 1997.

Voß, Reinhard/Wirtz, Roswitha: *Keine Pillen für den Zappelphilipp. Alternativen im Umgang mit unruhigen Kindern.* Reinbek: Rowohlt, 1990.

Homöopathie, Naturheilkunde

Richberg, Inga-Maria: *Homöopathie für Kinder. Die sanfte Heilweise zur Behandlung alltäglicher Beschwerden und Erkrankungen.* München: Mosaik, 1996.

Scott, Julian: *Damit Ihr Kind gesund wird. Krankheiten natürlich behandeln mit Heilpflanzen, Homöopathie, Bach-Blüten und Massage.* München: Mosaik, 1990.

Schwabenthan, Sabine/Weigert, Vivian: *Natürliche Heilmittel für Kinder. Damit Ihr Kind sich wohlfühlt.* München: Mosaik, 1996.

Musiktherapie

Deest, Hinrich van: *Heilen mit Musik. Musiktherapie in der Praxis.* München: dtv, 1997.

Tomatis, Alfred: *Klangwelt Mutterleib. Die Anfänge der Kommunikation zwischen Mutter und Kind.* München: Kösel, [2]1996.

Entspannung, Stressbewältigung

Preuschoff, Gisela: *Ich weiß nicht, wo mir der Kopf steht. Hilfe für gestreßte Mütter.* München: Kösel, [4]1997.

Preuschoff, Gisela: *Ganz entspannt mit Kind und Kegel. Meditationen für gestresste Mütter.* München: Kösel, 1997.

Selbsthilfegruppen, Kontaktadressen

Kindernetzwerk e.V. (Hrsg.): *Wer hilft weiter?* Lübeck: Schmidt Römhild, 1996.

Bücher für Kinder

Cousins, Lucy: *Zazas kleiner Bruder.* Aarau/Frankfurt/M.: Sauerländer, 1995. (ab 3)

Geisler, Dagmar/Frey, Jana: *Streiten gehört dazu, auch wenn man sich liebhat.* Ravensburg: Ravensburger, [4]1997. (ab 5)

Hansson, Gunilla: *Klara und Paul.* Ravensburg: Ravensburger, [4] 1996. (ab 2)

Uebe, Ingrid/Spieß, Helga: *Der kleine Brüllbär und seine Schwester.* Ravensburg: Ravensburger, [4]1996. (ab 6)

Wilkon, Józef/Moers, Hermann: *Hugo und sein kleiner Bruder.* Gossau: Nord-Süd, 1992.

Adressen

Über die aufgeführten Bundesverbände erhalten Sie Adressen regionaler Ortsgruppen, Kontaktadressen und je nach Angebot weiterführende Informationen. Anlaufstellen in Ihrer Nähe finden Sie in vielen Fällen auch über das Branchentelefonbuch. Bitte legen Sie bei schriftlichen Anfragen nach Möglichkeit einen adressierten und frankierten Rückumschlag bei.

Schrei- und Schlafprobleme

»Trostreich«, Selbsthilfegruppen (im Aufbau) für Eltern von übermäßig schreienden (Kolik-)Babys, Jutta Riedel-Henck, Schulstr. 10, 27446 Deinstedt, Tel./Fax-Nr. 04284 / 395
Kontaktvermittlung, Erfahrungsaustausch, Sammelstelle weiterführender Informationen ...

Münchner Sprechstunde für Schreibabys, Kinderzentrum München, Heiglhofstr. 63, 81377 München, Tel.: 089 / 710 09 - 331, Fax: 089 / 710 09 - 277

Dipl.-Psych. Renate Barth, »MenschensKind«, Beratungsstelle für Eltern mit Säuglingen und Kleinkindern, Elsässer Str. 27 a, 22049 Hamburg, Tel.: 040 / 652 00 12, Fax: 040 / 68 00 09
Das Angebot bezieht sich auf in Hamburg lebende Eltern.

Beratungsstelle für Eltern von Babys, die sich nicht beruhigen lassen, Frau Dipl.-Psych. Dr. phil Mauri Fries, Universität Leipzig, Institut für Entwicklungspsychologie, Seeburgstr. 14-20, 04103 Leipzig, Tel.: 0341 / 973 59 00 oder 973 59 22

Kinderärztliche Praxis mit Schwerpunkt »schwierige Säuglinge und Kleinkinder«, Dr. Hartwig, Dipl.-Psych. M. Malinowski, Ch. Krausmann, Karl-Marx-Str. 80, 12043 Berlin, Tel.: 030 / 623 87 17

Sprechstunde für Schreibabys, Kinderkrankenhaus der Stadt Köln, Dr. A. Hoppe, Dr. R. Winkler, Amsterdamer Str. 59, 50735 Köln, Tel.: 0221 / 777 41

Musiktherapie für Schreibabys, Gisela M. Lenz, Goethestr. 54/RG, 80336 München

Schreiambulanz, Krankenhaus Mödling, Leitung Prim. Dr. Paky, A–2340 Mödling

Zentrum für Fütterungs-, Schlaf- und Schreiprobleme, Wilhelminenspital – Kinderinterne Abt. mit Psychosomatik, Dr. Christine Rankl, Dr. Josephine Schwarz-Gerö, Montleartstr. 37, A–1160 Wien, Tel.: 0222/491 50 - 29 20

Sprechstunde für Schrei-, Gedeih- und Essstörungen, OA Dr. L. Thun-Hohenstein, Kinderspital, Müllner Hauptstr. 48, A–5020 Salzburg

Stillgruppen

Arbeitsgemeinschaft Freier Stillgruppen (AFS) Bundesverband e.V., Gertraudgasse 4, 97070 Würzburg, Tel.: 0931 / 57 34 93, Fax: 0931 / 57 34 94

La Leche Liga Deutschland e.V., Postfach 65 00 96, 81214 München, Infoline und Fax: 06851 / 25 24
Email: llld@bigfoot.com
Internet: http://www.carpenet.de/LaLeche/

LLL-Österreich, Postfach, A-6340 Rattenberg

LLL-Schweiz, Postfach 197, CH-8053 Zürich

Mütter

Deutsches Müttergenesungswerk Elly-Heuss-Knapp-Stiftung, Postfach 12 60, 90547 Stein, Tel.: 0911 / 96 71 10, Fax: 0911 / 67 66 85
Broschüre für Kurinteressentinnen

Mütterzentren-Bundesverband e.V., Müggenkampstr. 30a, 20257 Hamburg, Tel.: 040 / 40 17 06 06, Fax: 040 / 490 38 26

Schatten & Licht – Krise nach der Geburt e.V., Postfach 11 06, 67355 Lingenfeld

Eltern, Familie, Erziehung

Bundeskonferenz für Erziehungsberatung e.V., Herrnstr. 53, 90763 Fürth, Tel.: 0911 / 977 14 - 0, Fax: 0911 / 74 54 97

Verband alleinerziehender Mütter und Väter (VAMV) e.V., Bundesverband, Beethovenallee 7, 53173 Bonn, Tel.: 0228 / 35 29 95, Fax: 0228 / 35 83 50

Tagesmütter Bundesverband für Kinderbetreuung in Tagespflege e.V., Breite Str. 2, 40670 Meerbusch, Tel.: 02159 / 13 77, Fax: 02159 / 20 20

Notmütterdienst, Familien- und Altenhilfe e.V., Sophienstr. 28, 60487 Frankfurt / M., Tel.: 069 / 77 90 81 und 77 66 11, Fax: 069 / 77 90 83

Mehrlingseltern, Zwillinge

»Zwillinge«, Zeitschrift für Mehrlingseltern, Postfach 17 17, 86887 Landsberg, Tel.: 08191 / 96 67 39, Fax: 08191 / 96 67 40

ABC-Club e.V., Internationale Drillings- und Mehrlings-Initiative, Strohweg 55, 64297 Darmstadt, Tel.: 06151 / 554 30

Gewaltprobleme, Kinderschutz

Deutscher Kinderschutzbund Bundesverband e.V., Schiffgraben 29, 30159 Hannover, Tel.: 0511 / 304 85 - 0, Fax: 0511 / 304 85 - 49

Die Kinderschutz-Zentren, Spichernstr. 55, 50672 Köln, Tel.: 0221 / 952 19 83
Vermittlung wohnortnaher Adressen

Kontaktstelle für Eltern mit Kleinkindern, Kinderschutzbund, Niedernstr. 40, 31655 Stadthagen, Tel.: 05721 / 724 74

Anonyme Eltern, Sabine Grollmann-Westphal, Wilhelm-Wulf-Weg 15, 59494 Soest, Tel.: 02921 / 66 50 86, Fax: 02921 / 764 06

Kranke, behinderte Kinder

Kindernetzwerk e.V. für kranke und behinderte Kinder und Jugendliche in der Gesellschaft, Hanauer Str. 15, 63739 Aschaffenburg, Tel.: 06021 / 120 30, Fax: 06021 / 124 46, Mo, Di und Do: 9.00-12.00 Uhr

Das frühgeborene Kind e.V., Bundesverband, Von-der-Tann-Str. 7, 69126 Heidelberg, Tel./Fax: 06221 / 31 50 65

Arbeitskreis Überaktives Kind (AÜK) e.V., Dieterichsstr. 9, 30159 Hannover, Tel.: 0511 / 363 27 29, Fax: 0511 / 363 27 72

Verein zur Förderung der Kinder mit minimaler cerebraler Dysfunktion (MCD) e.V., Friedemann-Bach-Str. 1, 82166 Gräfelfing, Tel.: 089 / 854 31 41, Fax: 089 / 85 21 66

Bundesarbeitsgemeinschaft zur Förderung von Kindern und Jugendlichen mit Teilleistungsstörungen (MCD/HKS) e.V., Postfach 45 02 46, 50877 Köln, Tel.: 0221 / 499 59 98, Fax: 0221 / 491 14 64

Kinderneurologie-Hilfe Münster e.V., Postfach 82 23, 48044 Münster, Tel.: 02 51 / 29 78 48, Fax: 0251 / 20 91 83

Bundesverband Patienten für Homöopathie e.V., Langestr. 47, 37181 Hardegsen/Solling, Tel.: 05505 / 10 70, Fax: 05505 / 20 31
Literatur- und Adressenlisten (Ärzte)

Allergien, Umwelt

Arbeitsgemeinschaft Allergiekrankes Kind (AAK) e.V., Hauptstr. 29, 35745 Herborn, Tel.: 02772 / 92 87 - 30, Fax: 02772 / 92 87 - 48

Allergie- und umweltkrankes Kind e.V., Westerholter Str. 142, 45892 Gelsenkirchen, Tel.: 0209 / 305 30, Fax: 0209 / 36 93 00

Säuglingsnahrung

Die folgenden Herstellerfirmen verschicken auf Anfrage kostenlose Informationen über spezielle Säuglingsnahrungen für allergiegefährdete Kinder (H.A.-, Sojanahrungen usw.).

Humana Elternberatung, Bielefelder Str. 66, 32046 Herford, Tel.: 05221 / 18 12 22

Milupa GmbH & Co. KG, Bahnstr. 14-30, 61381 Friedrichsdorf/Taunus, Tel.: 061 72 / 99-0, Fax: 06172 / 99-15 95, Mütterberatung: Tel.: 0130 / 73 75 (kostenfrei, 24 h, 7 Tage)

Nestlé, Wissenschaftlicher Dienst, Prinzregentenstr. 155, 81662 München, Tel.: 089 / 41 16 - 572

Hipp Elternservice, Münchener Str. 58, 85276 Pfaffenhofen, Tel.: 08441 / 75 73 04

Selbsthilfegruppen

NAKOS – Nationale Kontakt- und Informationsstelle zur Anregung und Unterstützung von Selbsthilfegruppen, Albrecht-Achilles-Str. 65, 10709 Berlin, Tel.: 030 / 891 40 19, Fax: 030 / 893 40 14
Bei NAKOS erhalten Sie Informations- und Aufklärungsmaterial über Selbsthilfegruppen sowie Kontaktadressen von bundesweit tätigen Selbsthilfevereinigungen und solche von professionellen Selbsthilfekontaktstellen auf örtlicher Ebene. Anfragen bitte schriftlich mit einem adressierten und frankierten Rückumschlag (DIN A4/DM 3, — Porto).

Bezugsadressen

Tragehilfen:
DIDYMOS, Erika Hoffmann GmbH, Das Babytragetuch, Alleenstr. 8, 71638 Ludwigsburg, Tel.: 07 141 / 92 10 24, Fax: 07141 / 92 10 26
DIDYMOS -Tragetücher

Maas Naturwaren GmbH, Postfach 50 64, 33278 Gütersloh, Tel.: 05241 / 967 70, Fax: 05241 / 670 72

Hängematten, Tragehilfen, Musikinstrumente, Diverses:
JAKO-O GmbH, Postfach 11 50, 96473 Rodach, Tel.: 01805 / 31 31 28,
Fax: 09564 / 92 93 29

gepa mbH, Gewerbepark Wagner, Bruch 4, 42279 Wuppertal, Tel.: 0202
/ 26 68 30, Fax: 0202 / 266 83 10

Eine-Welt TEAM Versand, Postfach 11 33, 49153 Bohmte, Tel.: 05471
/ 95 66 66, Fax: 05471 / 95 66 99

Kinderbücher, Kassetten, Spiele:
Versandbuchhandlung Maria Rupprecht, Bahnhofstr. 2, 92648 Vohen-
strauß, Tel.: 09651 / 92 11 22, Fax: 09651 / 92 11 49

Naturheilmittel, Homöopathie:
Bahnhof Apotheke, Dietmar Wolz, Bahnhofstr. 12, 87435 Kempten, Tel.:
0831 / 210 02, Fax: 0831 / 162 02
»Vier-Winde-Öl«, »Zahnungsöl« uvm.

Register

Name des Kindes: _____   Datum: _____

Tagesablauf

	Vormittag							Nachmittag					Abend							Nacht					
	6	7	8	9	10	11	12	13	14	15	16	17	18	19	20	21	22	23	24	1	2	3	4	5	6
Unruhe																									
Schreien																									
Füttern																									
Gemeinsames Spiel[1]																									
Schlafen																									
Sonstiges[2]																									

[1] entspanntes Spielen von Mutter und Kind

[2] z.B. Spaziergang, Besuche, Einkaufen, Spielen mit anderen Personen

Wie haben Sie sich heute gefühlt?

Sehr frisch	_____ x _____	Sehr erschöpft
Sehr entspannt	_____ x _____	Sehr abgespannt
Sehr glücklich	_____ x _____	Sehr unglücklich

Bemerkungen: Tagsüber schlief ..... sehr unruhig, hatte Blähungen, und wir mussten ..... oft heruntragen.

Abends zwischen den Schreianfällen trank ..... gierig Fencheltee. Aus dem Schlaf erwachte ..... strampelnd.

Frühmorgens unterbrach ..... häufig das Saugen an der Brust.

(Schrei-Tagebuchformular nach Dr. Wolke; Copyright   by Prof. Dr. Dieter Wolke; adaptiert für den deutschen Sprachraum von M. Papoušek, München)

Name des Kindes: _____   Datum: _____

Tagesablauf

	Vormittag						Nachmittag							Abend						Nacht						
	6	7	8	9	10	11	12	13	14	15	16	17	18	19	20	21	22	23	24	1	2	3	4	5	6
Unruhe																									
Schreien																									
Füttern																									
Gemeinsames Spiel[1]																									
Schlafen																									
Sonstiges[2]																									

[1] entspanntes Spielen von Mutter und Kind
[2] z.B. Spaziergang, Besuche, Einkaufen, Spielen mit anderen Personen

Wie haben Sie sich heute gefühlt?

Sehr frisch   _____   Sehr erschöpft
Sehr entspannt   _____   Sehr abgespannt
Sehr glücklich   _____   Sehr unglücklich

Bemerkungen: _____

_____

(Schrei-Tagebuchformular nach Dr. Wolke; Copyright by Prof. Dr. Dieter Wolke; adaptiert für den deutschen Sprachraum von M. Papoušek, München)